FACULTÉ DE DROIT DE PARIS

DE LA

[CO]NSTITUTION EN GAGE

DES

FONDS DE COMMERCE

PAR

Norbert FOUILLEUL

THÈSE POUR LE DOCTORAT

Présentée et soutenue le lundi 22 Janvier 1900 à 1 heure.

Président : M. LYON-CAEN

Suffragants { MM. BOISTEL

DESCHAMPS

PARIS

IMPRIMERIE Vve ALBOUY

75, AVENUE D'ITALIE, 75

THÈSE DE DOCTORAT

1500

DE LA

CONSTITUTION EN GAGE

DES

FONDS DE COMMERCE

PAR

Norbert FOUILLEUL

THÈSE POUR LE DOCTORAT

Présentée et soutenue le lundi 22 Janvier 1900 à 1 heure.

Président : M. LYON-CAEN

Suffragants { MM. BOISTEL
DESCHAMPS

PARIS

IMPRIMERIE Vᵛᶜ ALBOUY

75, avenue d'italie, 75

INTRODUCTION

Un bon système de sûretés réelles ne se conçoit pas,
sans une publicité révélant au tiers les causes de préférence qui existent sur le bien grevé. C'est pour
avoir méconnu cette idée que les Romains ne sont
jamais arrivés en cette matière à un perfectionnement
complet. L'hypothèque, qui portait aussi bien sur les
meubles, que sur les immeubles, était occulte. De là,
une cause permanente d'insécurité pour les créanciers
qui ne pouvaient être renseignés exactement sur l'existence des hypothèques antérieures et pour les tiers
acquéreurs, qui étaient exposés à se voir enlever le
bien, en vertu du droit de suite inhérent à une hypothèque consentie antérieurement à l'aliénation. De là
également une situation très défavorable pour le débiteur dont les affirmations paraissaient toujours sus-
pectes et qui se voyait refuser le crédit qu'il aurait pu
obtenir, s'il avait pu offrir une garantie exempte de
toute incertitude.

Favorable aux tiers qui contractent avec le débiteur, la publicité des sûretés réelles, ne l'est donc pas moins pour le débiteur lui-même. C'est ce qu'a parfaitement compris le législateur moderne. En effet soit en matière d'hypothèque, soit en matière de gage, la naissance ou plutôt l'efficacité de la sûreté accordée au créancier est subordonnée a certaines prescriptions, ayant pour objet d'en révéler l'existence au public. Pour l'hypothèque, qui ne peut être établie, comme on le sait, que sur les immeubles, biens offrant une fixité complète, les tiers sont informés par le moyen d'une inscription prise sur des registres ouverts à tout venant. En ce qui concerne les meubles, le même mode de publicité ne pouvait être admis, car cette catégorie de biens est sujette à des déplacements incessants et il était impossible de fixer le lieu où l'inscription serait utilement prise.

Mais le législateur ayant cru devoir repousser l'hypothèque des meubles et n'admettre sur eux d'autre sûreté que le nantissement, il s'est trouvé que dans tous les cas où le bien serait grevé d'une sûreté réelle il devrait passer entre les mains du créancier. On a donc songé à utiliser cette dépossesion du débiteur en vue de constituer un avertissement pour les tiers. Le bien n'étant plus entre les mains du débiteur, ceux-ci devront songer en vertu de l'importance qui s'attache à la possession des meubles que ce bien est sorti du patrimoine du débiteur ou tout au moins qu'il ne fait plus partie de son actif disponible.

Telle est la conception qui a guidé le législateur lorsqu'il a prescrit que le meuble offert en garantie cessât de demeurer en la possession du débiteur. Aussi s'explique-t-on à merveille que cette dépossession pour répondre au vœu du législateur doit être complète et effective.

Mais on le comprend facilement si la remise de la chose au créancier présente une utilité indiscutable pour les tiers elle peut entraîner pour le débiteur les plus graves inconvénients.

Parfois en effet, l'usage de la chose est indispensable au débiteur ; si on le contraint à s'en déssaisir pour se procurer du crédit, cela revient à rendre impossible pour lui la constitution d'une sûreté. Il en va ainsi des instruments de travail, des navires, des fonds de commerce.

Ainsi donc, il est des meubles qui ne peuvent être utilisés comme instruments de crédit qu'à la condition qu'ils resteront entre les mains de leur propriétaire.

Or, dans le système adopté par le législateur du commencement du siècle, la dépossesion étant une règle absolue, il en résultait que ces biens n'étaient pas utilisables comme éléments de crédit.

De nombreuses propositions ont été faites, il est vrai, pour atténuer les inconvénients résultant de cet état de choses et pour établir, dans des cas spéciaux le gage sans déplacement ou gage à domicile.

Mais ces propositions ont échoué parce qu'elles méconnaissaient surtout le grand principe de la publicité, qui est actuellement l'assise fondamentale du crédit réel.

Comment en effet les tiers connaîtront-ils, la charge dont le bien est grevé si l'on supprime le seul indice qui soit de nature à éveiller leur soupçon, c'est-à-dire le déplacement de la possession ?

Toutefois il a été reconnu que certains meubles présentaient une fixité suffisante pour permettre d'organiser un mode de publicité analogue à celui qui existe pour les immeubles.

C'est à cette idée que l'on doit rattacher les lois de 1874 et de 1885 qui ont organisé l'hypothèque des navires et la loi du 1er mars 1898 sur le nantissement des fonds de commerce.

Les navires, a-t-on remarqué, peuvent en effet se rattacher à leur port d'attache, les fonds de commerce : au lieu de leur exploitation. Dès lors rien ne s'opposait à ce que l'on admît qu'une inscription sur des registres publics révèlerait, comme pour les immeubles, l'affectation spéciale dont ces biens ont été l'objet à l'égard de tel créancier.

Et la publicité de la garantie étant ainsi assurée, les droits des tiers étant ainsi sauvegardés, la mise en possession du créancier pouvait être négligée, car le navire et le fonds de commerce sont des choses dont l'individualisation est facile à établir.

Dans le cas où le gage serait détourné, le créancier possède grâce au droit de suite le moyen de le recouvrer.

Le principe d'après lequel les meubles ne sont pas susceptibles d'hypothèques, reçoit donc depuis les lois de 1885 et de 1898 de graves dérogations.

La dérogation résultant de la première de ces lois est flagrante car la loi de 1885 est intitulée : « Loi sur l'hypothèque Maritime. Mais il ne faut pas se méprendre sur la portée de la seconde, si l'on ne veut pas se payer de mots ; qu'est-ce en effet que le gage sans dépossession du débiteur sinon une hypothèque véritable.

Or, du moment que le propriétaire d'un fonds de commerce a le droit d'affecter ce fonds à la garantie exclusive d'un créancier, tout en en conservant la possession, on est autorisé à dire que la loi reconnait l'hypothèque des fonds de commerce.

Voilà, semble-t-il, la vérité si l'on va au fond des choses.

Etant donné le langage employé par le législateur, il serait sans doute exagéré d'assimiler de tous points le nantissement du fonds de commerce à l'hypothèque ; mais actuellement, au point de vue de la vérité législative, il nous semble que l'assimilation devrait être complète.

Une autre loi, plus récente encore, du 18 juillet 1898, intitulée : « *Loi sur les warrants agricoles* », tend également au même résultat. D'après cette loi, en effet, les produits warrantés, au lieu de passer en la possession d'un tiers, comme dans le warrantage commercial, restent entre les mains de l'emprunteur.

Mais nous devons nous en tenir à ces indications générales qui montrent la tendance actuelle à supprimer dans les cas les plus nombreux possibles, la condition gênante de la remise de la chose au créancier.

Notre tâche doit se borner en effet exclusivement à étudier la loi du 1er mars 1898 sur les fonds de commerce.

Après avoir recherché quelle est la nature du fonds

de commerce, nous voudrions montrer d'abord quels sont les événements qui ont provoqué la nouvelle loi, à quelles nécessités pratiques elle est venue répondre.

Puis, ayant ainsi examiné l'état de la législation antérieure, nous aborderons l'étude de la loi nouvelle.

Enfin, après avoir signalé les défectuosités et les lacunes de la loi de 1898 nous essayerons d'indiquer les moyens de la compléter et de la perfectionner.

Ce travail contiendra donc, un chapitre préliminaire et 3 parties.

CHAPITRE PRÉLIMINAIRE : *De la nature du fonds de Commerce.*

Ire PARTIE : *Du nantissement des fonds de Commerce avant la loi du 1er mars 1898.*

IIe PARTIE : *Du nantissement du fonds de Commerce sous l'empire de cette loi.*

IIIe PARTIE : *Des réformes à apporter à la législation actuelle.*

CHAPITRE PRÉLIMINAIRE

DE LA NATURE DU FONDS DE COMMERCE

Les règles établies par le code pour la constitution des sûretés réelles varient suivant la nature de la chose que le débiteur affecte à la garantie du paiement de sa dette.

Les immeubles peuvent être donnés en nantissement (antichrèse) ou hypothéqués. Les meubles, corporels ou incorporels, peuvent être donnés en nantissement. A chacune de ces catégories de biens correspondent des règles particulières ; mais lorsqu'ils ont établi les règles du nantissement et de l'hypothèque, les rédacteurs du code civil semblent n'avoir eu en vue que leur application à des objets d'une nature simple tels que : une maison, un droit d'usufruit, des meubles meublants, une créance active ; au commencement de ce siècle c'étaient là en effet les éléments qui le plus souvent composaient l'actif du patrimoine et sur lesquels on avait coutume d'accorder des sûretés aux créanciers.

Le fonds de Commerce, qui, lui aussi, est un des éléments du patrimoine, peut-il être considéré comme étant d'une nature simple, au même titre que l'un quelconque des éléments du patrimoine qui viennent d'être cités? N'est-il pas plutôt très-différent de ceux-ci, et d'une nature telle, que dans son ensemble et tout au moins au point de vue de la constitution en gage, il ne peut être assimilé à aucun d'eux ?

C'est ce que nous nous proposons d'étudier dans ce chapitre préliminaire.

Il n'existe pas de définition légale du fonds de commerce; mais on admet généralement qu'il se compose d'un certain nombre d'éléments qui sont : 1.° l'achalandage, le nom et l'enseigne; 2° les ustensiles et marchandises ; 3° les créances actives et passives; 4° les divers droits se rattachant à l'exploitation tels que le droit au bail, les brevets d'invention et marques de fabrique.

Très-souvent l'un ou l'autre de ces éléments fait défaut, cela n'empêche pas qu'il y ait fonds de commerce, car personne ne soutient que leur réunion est indispensable pour constituer un fonds de commerce (1).

Certains auteurs considèrent même que les marchandises et les créances, à proprement parler ne font pas partie du fonds de commerce.

Cette opinion a été récemment acceptée par le Tribunal de Commerce du Hâvre. Quoiqu'elle ne soit pas celle du législateur de 1898 il nous semble qu'elle est fort acceptable : le fonds de commerce est en effet une sorte d'instrument de travail très compliqué, dans lequel les mar-

(1) Dalloz répert. Alph. V° Industrie et Commerce n° 374 ; Boistel précis de Droit Commercial 2° édition n° 429; Lyon-Caen et Renault traité de Droit Commercial III, n° 239, Lebre, traité pratique et théorique des fonds de commerce, n°s 1 et 11 ; Labori. V° fonds de Commerce. art. de M. Georges Maillard ; Ruben de Conder dict. de Droit Comme V° fonds de Commerce n°s 5 et 6.)

chandises ne font que passer, comme la gerbe de blé
dans la machine à battre et l'on peut très-facilement imaginer un fonds de Commerce fonctionnant très-bien et ne
comportant pas de marchandises. Il existe par exemple des
négociants en vins qui achètent leurs vins à Bordeaux, sont
seuls responsables du paiement des marchandises envers
les maisons de gros et les font expédier directement et en
leur nom à leurs clients personnels qui ignorent même le
nom du fournisseur en gros.

De même, dans bien des cas, les créances sont écartées
du fonds de commerce ; par exemple en cas de vente du
fonds, il est très-rare que l'acquéreur soit cessionnaire des
créances actives et prenne à sa charge les créances passives.

Quoiqu'il en soit, il est hors de doute que le fonds de
commerce comporte le plus souvent divers éléments corporels ou incorporels.

Ces éléments sont liés les uns aux autres, ils forment un
tout et l'on admet en général que le fonds constitue une
universalité de choses ou même une universalité juridique.

En Allemagne certains auteurs ont prétendu que le
fonds de Commerce constituait un organisme économique,
une personne morale, distincte de la personne du titulaire (1).

Suivant d'autres théoriciens allemands, le fonds de
commerce est formé par un ensemble complexe de valeurs
réunies et associées non pas tant par la personne que par
le but : « le Zweck », auquel elles tendent. Par conséquent
si le fonds de Commerce n'est pas une personne morale,

____

(1) Sur l'exposé et la critique de cette théorie. V. Saleilles annales du
Droit Commercial 1890 p. 8 et 9. Gaudemet. Du transport des dettes à titre
particulier 1898 p. 489. Comp. Thaller, précis de Droit Commercial n° 204.

il constitue tout au moins un patrimoine spécial qui se sépare des autres biens (1).

Le système d'après lequel le fonds de commerce forme une universalité juridique réunit chez nous de nombreux suffrages.

Pour les partisans de cette théorie le fonds de commerce comprend tous les éléments que nous avons énumérés : Enseigne, achalandage, matériel, *marchandises*, *créances actives et passives*, droits divers, se rattachant à l'exploitation.

On dit :

Ces éléments quoique disparates, n'en forment pas moins un tout.

Et cet ensemble a ceci de particulier c'est que son existence est distincte et, dans une certaine mesure même, indépendante de celle des éléments qui le constituent.

Elle est indépendante de celle du matériel qui s'use et se modifie chaque jour, de celle des marchandises dont l'existence en tant qu'élément du fonds est des plus brèves ; elle est bien distincte de celle du droit au bail car s'il est difficile de transporter un fonds, au delà d'un certain rayon, il n'est pas impossible de le transporter dans ce rayon d'une maison à une autre. La clientèle peut changer et le fonds n'en existe pas moins.

Cependant si ces éléments disparaissaient, sans être immédiatement remplacés par d'autres équivalents, il est certain que le fonds disparaitrait lui aussi.

Comment des éléments aussi variés que ceux du fonds de commerce peuvent-ils s'unir les uns aux autres pour former ainsi une chose distincte d'eux-mêmes ?

On fait alors remarquer qu'en dehors des éléments,

(1) Gaudemet, op. citato p. 487 488.

corporels et incorporels que nous avons signalés, il existe un élément d'une nature particulière, un élément intellectuel qui n'est autre chose que la volonté du commerçant.

Un meuble, une créance, une maison, un droit d'usufruit portant sur une maison, conservent toujours la même valeur en quelques mains qu'ils se trouvent. Ce sont des éléments du patrimoine que l'on pourrait, en quelque sorte, appeler des éléments inanimés, quoiqu'ils ne le soient pas tous au même degré.

Il n'en est pas de même d'une propriété rurale **dont** le produit et par suite la valeur dépendent dans une certaine mesure de celui qui l'exploite.

Il n'en est pas de même surtout d'un fonds de commerce qui rend nécessaire un nombre considérable d'opérations les plus diverses, entraînant une grande responsabilité sanctionnée par la faillite; sa valeur dépend sans doute en grande partie de celle des biens corporels et incoporels qui le composent, mais elle dépend aussi et souvent d'une façon presque exclusive des qualités diverses, de la science pratique de celui qui en dirige l'exploitation.

Le fonds de commerce ne se conçoit pas indépendamment de son exploitation. A la différence du fonds rural qui persiste malgré l'absence de tous actes de gestion, le fonds de commerce serait condamné à diminuer considérablement et même à disparaître si l'exploitation en était suspendue pendant un temps suffisamment prolongé.

La possession d'un fonds de commerce, plus encore que celle d'une terre, ne peut donc sans de grands inconvénients être enlevée au propriétaire de ce fonds de commerce.

Ces biens sont en quelque sorte doués de vie. Aux éléments matériels qui les composent il s'ajoute un élément intellectuel qui sert de lien entre eux, qui est de la plus haute importance et sans lequel ils seraient inutiles comme une machine sans mécanicien. Ces biens ne conservent leur valeur qu'à la condition de ne pas séparer l'un de l'autre les éléments matériel et intellectuel, dont ils se composent.

Le fonds de commerce enfin, ne se compose pas seulement d'éléments actifs, il comporte aussi un passif par exemple il en peut dépendre un marché aux termes duquel le commerçant s'est engagé à fournir ses produits à une personne pendant un temps déterminé ou plus simplement des dettes envers des fournisseurs, envers le bailleur des lieux ou s'exploite le fonds.

Tous ces éléments du fonds de commerce sont soumis au libre arbitre d'une seule et même volonté, à l'action d'un seul et même pouvoir juridique.

Ce pouvoir juridique consiste parfois dans la volonté d'une seule personne, si le fonds de commerce appartient à une seule personne. Le fonds de commerce n'est alors qu'un élément du patrimoine du commerçant; mais d'autre fois le pouvoir juridique dont le fonds de commerce dépend est formé du concours de deux ou plusieurs volontés, si le fonds appartient à une société et dans tous ces cas le fonds de commerce constitue souvent à lui seul le patrimoine de la société.

Il apparaît donc, dit-on, comme un bien d'une nature très-complexe ne pouvant être comparé à aucun des biens qui entrent dans la composition du patrimoine, mais ressemblant plutôt au patrimoine lui-même.

On dit encore qu'il n'est pas juste de le comparer comme le fait M. Albert Wahl (1) a une galerie de tableaux, à un troupeau, à une bibliothèque; qu'en effet dans ces univer-

(1) note insérée au Sircy 1897. 2. 89.

salités de choses il n'entre que des éléments actifs du patrimoine, tandis que dans le fonds de commerce se trouvent des éléments passifs, concurremment avec des éléments actifs et que si ces choses sont unies par la volonté de leur propriétaire cette volonté n'est pas l'équivalent de l'élément intellectuel qui se trouve dans le fond de commerce.

On ajoute qu'il n'est pas juste non plus de dire que rien n'empêche de traiter isolément sur chacun des éléments du fonds de commerce et d'en conclure que le fonds de commerce n'est qu'un assemblage des valeurs. Qu'à la vérité, en théorie on peut traiter isolément sur chacun des éléments du fonds de commerce, mais qu'il en est de même en ce qui concerne les éléments d'une hérédité, et que personne ne songe à soutenir que pour cette raison, l'hérédité est une universalité des choses (1).

Que d'ailleurs si, en théorie pure, on admet que l'on peut traiter isolément sur chacun des éléments du fonds de commerce il n'en est pas de même du tout dans la pratique, et que l'on ne conçoit pas la possibilité pour un commerçant de vendre à une personne sa clientèle, à une autre son enseigne, le titre de son fonds, à une troisième ses brevets et sa marque de fabrique. Que ce sont là des choses forcément liées les unes aux autres et qui ne peuvent raisonnablement faire l'objet de contrats distincts.

Et l'on conclut qu'il faut considérer le fonds de commerce comme une universalité juridique (2).

Cette théorie est très-séduisante ; nous ne croyons, cependant pas devoir l'admettre.

(1) Aubry et Rau VI, § 374. 2°).

(2) J. B. Magnier et Octave Pruvost : du nantissement constitué sur les fonds de commerce, pages 62 et s. Rapport de M. Thézard, sénateur, sur la proposition de loi tendant à modifier l'art. 2075 C. C. qui est devenue la loi du 1 mars 1898 (in fine) ; Cass. req, 13 mars 1888.

D'abord il ne nous semble pas que le fonds de commerce comprenne tous les éléments que l'on a l'habitude d'y faire rentrer, les marchandises et les créances nous semblent devoir en être écartées.

Le répertoire encyclopédique de droit français de M. Labori (1), nous donne la définition suivant du fonds de commerce.

« Le fonds de commerce est l'ensemble des éléments qui
« constituent, à l'égard du public, la personnalité d'un
« établissement commercial ou industriel et servent à son
« exploitation. *La réalité l'essence du fonds de commerce,*
« *c'est l'achalandage, avec le plus souvent la désignation*
« *sous laquelle l'établissement est connu, les marques qui*
« *caractérisent ses produits, d'une façon générale tout ce*
« *qui le distingue pour la clientèle et la rattache à lui.* Le
« matériel de l'exploitation est d'ordinaire compris dans
« le fonds, mais il n'en est qu'un élément accessoire et
« séparable. On s'imagine même des fonds de commerce,
« sans matériel et réduits simplement à la clientèle......
« Les marchandises en cours de fabrication et prêtes pour
« la vente font aussi en principe corps avec le fonds, *mais*
« *elles ne sauraient être confondues absolument avec lui...*

Cette définition quoiqu'elle écarte du fonds de commerce les créances actives et passives, nous parait encore un peu trop large car elle y fait rentrer les marchandises.

On peut très-bien imaginer un fonds de commerce réduit à l'achalandage et à l'enseigne; tel est le cas du fonds dont nous avons parlé plus haut.

Mais si ces deux éléments paraissent indispensables à la constitution d'un fonds de commerce, toutefois les fonds dans lesquels ils entrent seuls constituent l'exception, et

(1) Rép. Encycl. Labori Vo fonds de commerce, art. de M. Georges Mail-. lard.

il est d'autres éléments qui contribuent à distinguer le fonds de commerce aux yeux de la clientèle et à la rattacher à lui, le droit au bail est à coup sûr un de ces éléments. Le fonds de commerce en effet ne peut être déplacé facilement et le lieu où il est exploité le rattache certainement à la clientèle.

Il en est de même aussi des brevets et marques de fabrique, mais non des créances actives et passives qui ne rentrent d'ailleurs presque jamais dans la vente d'un fonds de commerce, ni des marchandises ou des matières premières, qui ne font que passer par le fonds et que celui-ci a pour fonction de transformer ou tout au moins de faire circuler.

On pourrait dire, il nous semble, que le fonds de Commerce est constitué par divers meubles, corporels ou incorporels, réunis dans le but de transformer des matières premières ou des marchandises ou tout au moins de les faire circuler du producteur au consommateur.

Le fonds de commerce nous paraît donc comprendre tout d'abord : l'achalandage et l'enseigne, puis les divers droits qui le distinguent aux yeux de la clientèle, tels que le droit au bail, les brevets et marques de fabrique ; enfin, à titre d'accessoire, le matériel.

Si telle est la composition du fonds de commerce on comprend très-bien que M. Albert Wahl ait dit (1) : « Il « n'en est pas des éléments qui composent un fonds de « commerce, autrement que des animaux d'un troupeau, « des livres d'une bibliothèque, des tableaux d'une galerie « ou des arbustes d'une serre, distincts au point de vue « juridique ils ne sont indivisibles que dans la pensée des « parties. » Le fonds de commerce apparait en effet comme

(1) Sirey loc. cit.

étant une simple universalité de choses. Il n'y a plus à tirer argument de ce que le fonds comporte un actif et un passif puisqu'il n'est plus composé que d'éléments actifs du patrimoine et nous disons avec M. Thaller (1) : « Nous ne « voyons pas trop pourquoi l'on veut à toute force voir « dans le fonds de commerce une universalité juridique « Nous y trouverions un assemblage de valeurs.........
« ..... La volonté des parties peut réunir dans un con- « trat tous ces éléments ensemble; mais rien n'empêche non « plus de traiter isolément sur chacun d'eux ».

Cette opinion est aussi celle de MM. Lyon-Caen et Renault et nous ne pouvons mieux terminer qu'en reproduisant leurs propres paroles :

« Un fonds de commerce n'est pas comme une succes- « sion, une universalité de droit, c'est une universalité de « fait ou réunion d'objets corporels et incorporels, *unis* « *par l'emploi auquel ils sont consacrés,* mais susceptibles « pourtant d'être séparés les uns des autres » (2).

Nous admettons donc que le fonds de commerce est une universalité de choses. Nous ajouterons que c'est une universalité mobilière, aucun doute ne s'élève à ce sujet.

Enfin nous admettons que depuis la loi du 1 mars 1898 cette universalité doit être considérée comme un meuble incorporel.

(1) Annales de Droit Commercial 1889, doctrine, p. 221.
(2) Lyon-Caen et Renault. Traité de Droit Commercial T. III. n° 245 bis.

CHAPITRE PREMIER.

Le code civil, à côté du nantissement d'un immeuble, ou
antichrèse, a établi avec soin un moyen de crédit plus pratique : l'hypothèque.

Pour les meubles, il s'est tenu au moyen primitif de crédit qui est la constitution de gage.

Il n'a pas cru devoir en chercher d'autre, parce qu'au
début de ce siècle les meubles étaient considérés comme
des biens d'importance tout à fait secondaire.

Il ne semble pas avoir pris en considération que dans le
patrimoine pouvaient se trouver certains éléments, qui sont
des universalités juridiques comme lui ou des universalités de
fait ; et il ne s'est point préoccupé d'autoriser ni de régle-
menter l'emploi d'une universalité comme moyen de crédit.
Il importe de remarquer d'ailleurs, qu'à l'époque de la rédaction de notre code civil, l'usage du nantissement était
très-restreint ; plus que toute autre personne, le commerçant
évitait d'y recourir, car on en eût induit qu'il se trouvait

dans une situation difficile et cela eût certainement nui a
son commerce. Cette considération explique le peu de développement donné par le législateur à la théorie du nantissement et l'absence dans notre code de règles relatives
à la constitution de sûretés réelles sur les universalités mobilières qui peuvent dépendre du patrimoine.

Aujourd'hui, le préjugé d'autrefois a disparu. Le commerce et l'industrie se sont considérablement développés,
les relations d'affaires se sont progressivement étendues ;
grâce aux facilités de jour en jour plus grandes de commu-
nication entre les divers pays, on a été amené à traiter sans
cesse avec des gens que l'on ne connaissait pas ; d'importantes sociétés ont fait aux petits commerçants une concurrence acharnée, leur ont enlevé la majeure partie des
affaires au comptant, et la conception du crédit a dû nécessairement devenir différente de ce qu'elle était, à une
époque où les affaires se faisaient dans un rayon restreint
et entre gens qui se connaissaient de longue date.

Aussi la situation a-t-elle changé du tout au tout.

Si le crédit est devenu de plus en plus nécessaire, il a
fallu pour l'obtenir offrir des garanties de plus en plus
sérieuses, et c'est ce qui explique comment le gage a cessé
d'être vu avec défaveur.

Après avoir accordé des privilèges sur les marchandises
déposées dans les magasins généraux ou en cours de transport, l'idée est venue de donner en gage le fonds de commerce lui-même, dans son ensemble.

Mais, c'est seulement depuis quelques années que cette
idée s'est répandue, que la pratique de l'engagement du
fonds de Commerce s'est développée, et qu'elle a fait l'objet
de décisions judiciaires.

La cour de cassation n'a pas été appelée à statuer sur
cette question avant l'année 1888 et l'étude de la jurispru-

dence antérieure au procès, auquel a mis fin cet arrêt, conduit à dire que la dation en nantissement d'un fonds dé Commerce n'a pour ainsi dire pas été pratiquée avant cette époque.

En effet : la seule décision, à notre connaissance, où il ait été antérieurement question du fonds de Commerce donné en gage, est un arrêt de la Cour de Paris en date du 26 juillet 1851 (1).

Cet arrêt décide « Que les seuls objets, susceptibles d'être
« remis en gage, sont ceux qui peuvent être transmis entre
« les mains du gagiste ou du tiers convenu entre les par-
« ties ; qu'il est de l'essence du contrat que cette tradition
« soit effectuée et que le débiteur soit dessaisi. »

Il déclare nul le nantissement d'un fonds de commerce de boulangerie parce que le fonds n'avait pas cessé d'être aux mains du débiteur et que par suite le contrat manquait des conditions de dépossession qui sont les éléments du privilège.

Il résulte donc de cet arrêt, que le fonds de commerce ne peut être valablement donné en gage qu'à la condition que le créancier gagiste soit mis en possession de chacun de ses éléments, et d'une façon qui varie suivant la nature de chacun de ces éléments.

Ce qui est remarquable, c'est que les juges ne paraissent avoir fait aucun effort pour arriver à déterminer la nature du fonds de commerce lui-même.

Et les juges de 1851, nous pouvons le dire dès à présent, se sont inspirés selon nous des vrais principes.

En effet les règles du nantissement, ont été établies en vue d'une application à des choses simples, non à des biens d'une nature composite ; et si l'on dit que les exigences de

____

(1) Dalloz 1852-2-218.

cet arrêt conduisent au résultat déplorable de rendre, impossible en pratique le nantissement du fonds de commerce, nous répondons que le juge n'a pas à se préoccuper des conséquences pratiques de son interprétation de la loi, qu'il est chargé d'appliquer la loi, non de la modifier suivant les besoins ou prétendus besoins de la pratique.

Il est vraisemblable que ce cas de constitution en gage d'un fonds de commerce était isolé. L'arrêt de la Cour de Paris n'était d'ailleurs pas de nature à provoquer l'apparition de nouveaux contrats de ce genre, aussi, pendant plus de trente ans, aucune espèce similaire ne paraît avoir été soumise à l'appréciation des Tribunaux.

La question était donc presque neuve, lorsqu'elle se posa en 1885 devant le Tribunal de Commerce de Grenoble. En réalité, on peut dire que c'est à cette époque qu'a pris naissance la théorie de la constitution en gage du fonds de commerce.

Voici dans quelles conditions l'affaire fut engagée.

En 1881, les époux Robin avaient acquis des époux Bourgeois un fonds d'Hôtel meublé, situé à Cannes et connu sous le nom de « Splendid Hôtel ».

La vente comprenait : clientèle, achalandage, droit au bail, et matériel en détail ; le prix convenu était de cent cinquante mille francs dont quarante mille payables au comptant.

Pour faire face à cette obligation, les acquéreurs durent contracter un emprunt de quarante mille francs. Un sieur Poydenot leur fit les fonds. Il avait exigé une garantie et les époux Robin lui avaient donné en gage le fonds qu'ils venaient d'acheter.

Plus tard, en 1884, les époux Robin vendirent leur fonds ; le mari fut ensuite déclaré en faillite, M. Poydenot produisit à cette faillite ; il demanda à être colloqué sur le prix du fonds de commerce et par privilège pour la somme principale de quarante mille francs.

Sur le refus du Syndic d'admettre cette prétention, le Tribunal de Commerce fut appelé à statuer.

M. Poydenot soutint que le fonds de commerce était un meuble incorporel, qu'il avait été mis en possession de l'acte de vente par les époux Bourgeois aux époux Robin et qu'il avait signifié au propriétaire de l'immeuble le contrat de nantissement intervenu entre lui et les époux Robin; qu'ainsi, il avait satisfait aux exigences des art. 2075 et 2076 du Code civil, et qu'il se trouvait régulièrement nanti.

Cette argumentation ne fut pas acceptée par le Tribunal de Commerce de Grenoble. Il décida que le mobilier et le matériel, ayant une valeur supérieure à celle des droits incorporels, ceux-ci n'en étaient que l'accessoire; que la nature de l'élément principal d'un fonds déterminait celle du fonds lui-même; que le fonds de commerce litigieux était donc un meuble corporel, que la tradition en devait être réelle et effective ; que, les époux Robin ayant conservé la jouissance de leur fonds de commerce, le contrat de gage invoqué par M. Poydenot ne satisfaisait pas aux exigences de l'article 2076 du Code civil ; qu'il ne pouvait être opposé aux tiers et que la créance de M. Poydenot ne devait pas être admise au passif de la faillite Robin à titre privilégié (1).

Ainsi, dans ce jugement, l'idée d'universalité paraît s'être fait jour, tandis qu'elle n'apparaissait pas dans l'arrêt de la Cour de Paris de 1851.

Mais c'est toujours parce que la constitution de gage ne satisfaisait pas aux conditions de l'art. 2076 que le Tribu-

---

(1) Journal de la Cour de Grenoble 1886, p. 199.

nal de Commerce de Grenoble a conclu, lui aussi, à la nullité de la constitution en gage du fonds de commerce.

Sur l'appel interjeté par M. Poydenot, la Cour de Grenoble rendit à la date du 16 avril 1886 un arrêt infirmatif.

Comme le jugement du Tribunal de Commerce, cet arrêt recherche d'abord quelle est la nature du fonds engagé ; mais, au lieu de comparer la valeur des différents éléments du fonds de commerce, pour le déclarer ensuite meuble incorporel ou meuble corporel, suivant la nature de l'élément dont la valeur est prédominante, la Cour admet en principe que le fonds de commerce est un meuble incorporel et que, comme tel, il est susceptible d'être donné en gage. Elle dit :

« Attendu que le fonds de commerce, composé de *ces* « divers éléments, constitue un meuble incorporel et que « *tous les droits incorporels*, sans exception pouvant, sui- « vant la jurisprudence de la Cour de cassation être donnés « en gage, le fonds de commerce *dont s'agit* était indubita- « blement susceptible de faire l'objet d'un contrat de cette « nature ».

Dans l'espèce, la Cour ne trouve pas la nécessité de déroger à ce principe.

« Attendu que le refus du Tribunal, à voir dans le fonds « de commerce un meuble incorporel, repose sur cette idée « chimérique que le mobilier et le matériel industriel com- « pris dans la vente l'emportent de beaucoup en valeur sur « les autres choses vendues, telles que l'achalandage, le nom « de l'hôtel et le droit au bail, d'où la conséquence que le « caractère juridique à attribuer au fonds de commerce « vendu doit être déterminé par la nature des éléments qui « représentent dans la vente la valeur la plus importante « et que ces éléments étant d'une nature purement mobi- « lière on ne peut qualifier le fonds de commerce vendu de

« meuble incorporel, d'où il suivrait que l'art. 2075 du
« Code civil, ne serait pas applicable à l'espèce. »

« Mais attendu que cette appréciation du Tribunal ne
« repose sur aucun fondement et qu'il n'existe pas dans la
« cause des éléments qui aient permis aux premiers juges
« de distinguer entre la valeur du mobilier proprement dit
« et les autres articles qui ont fait l'objet des actes préci-
« tés ; qu'il n'est pas rare de voir, dans les ventes de cette
« nature, comprendre l'achalandage, le nom et le droit aux
« baux pour une valeur supérieure à celle du mobilier
« industriel. Mais qu'au surplus l'appréciation du Tribu-
« nal est absolument contraire au principe consacré sans
« contestation par la jurisprudence, qu'un fonds de com-
« merce, quels que soient les éléments qui le constituent,
« est un meuble incorporel ».

Donc, en s'appuyant sur des considérations de fait, en
même temps que sur un principe admis (1) en jurisprudence, la Cour décidait que le Tribunal de Commerce de
Grenoble avait eu tort de considérer le fonds de commerce
comme un meuble corporel.

Il lui restait à rechercher si le créancier avait satisfait aux
règles de la constitution en gage d'un meuble incorporel.

La question était fort délicate car l'article 2075 du Code
civil, qui prévoit la constitution en gage des meubles incorporels, prescrit la signification de l'acte de nantissement au
débiteur de la créance donnée en gage.

Le créancier avait bien été mis en possession de l'expédition de l'acte de vente par les époux Bourgeois aux époux
Robin et il avait signifié son acte de nantissement au propriétaire de l'immeuble où s'exploitait le fonds; cela suffi-
sait-il ?

____

(1) Ou tout au moins qu'elle prétendait être admis.

La Cour de Grenoble a répondu par l'affirmative :

« Attendu que par la signification faite au bailleur, Poyde-
« not a fait tout ce qu'il était possible de faire, et qu'il a
« rempli toutes les formalités exigées par la loi... »

Le Syndic de la faillite Robin s'étant pourvu en cassation,
la chambre des requêtes eut à examiner la question qui
nous occupe et, par arrêt du 13 mars 1888 (1), elle rejeta le
pourvoi du Syndic.

Cet arrêt est la seule manifestation de l'avis de la Cour
suprême sur la question qui nous occupe.

La Cour de cassation a considéré, elle aussi, le fonds de
commerce litigieux comme une universalité juridique, dont
les éléments essentiels étaient incorporels.

« Attendu que la partie essentielle d'un fonds de com-
« merce *de cette nature* est l'enseigne, l'achalandage et le
« droit au bail ; que ce sont principalement ces éléments
« qui le constituent, et que le mobilier proprement dit n'est
« qu'un instrument de son exploitation. »

Comme elle ne juge pas en fait, elle enregistre l'appréciation de la Cour de Grenoble en ce qui concerne la valeur
des divers éléments du fonds de commerce litigieux, et
admet avec elle qu'il n'y a pas lieu de déroger au principe
qu'elle vient de formuler et d'après lequel on doit considé·
rer comme meubles incorporels les fonds de commerce dans
lesquels l'élément incorporel a la valeur la plus grande.

Enfin elle décide que le créancier a satisfait aux exigences
des articles 2075 et 2076 du code civil.

« Attendu que, lorsque la chose donnée en gage est incor-
« porelle, pour opérer la constitution du nantissement et
« la création du privilège il faut, mais il suffit : 1° que le
« créancier gagiste ait signifié l'acte au débiteur de la

---

(1) Cass, req. 13 mars 1888, S. 1888-1-302. D. 1888, 1-351.

« chose engagée; Que celui qui constitue le gage ait remis
« au créancier gagiste le titre établissant son droit sur la
« chose engagée; que dans ce cas, en effet, la tradition
« matérielle étant impossible, la mise et le maintien en
« possession du gage, exigés par l'article 2076, résultent
« de la remise et de la détention du titre aux mains du
« créancier.

« Attendu que lorsque ce titre est un acte authen-
« tique etc...

« Attendu qu'il est constaté par l'arrêt attaqué, que les
« époux Robin ont remis à Poydenot, au moment même où
« le nantissement était par eux consenti, une expédition de
« l'acte notarié établissant leur droit sur le fonds de
« de commerce du « Splendid Hotel » et que Poydenot a,
« par exploit..., fait signifier l'acte de nantissement au
« propriétaire de l'immeuble.

« D'où il suit que l'arrêt attaqué en déclarant que dans
« l'espèce, le nantissement était régulier et devait produire
« tous ses effets légaux, n'a fait qu'une exacte application
« de la loi. P. C. M. Rejette etc. »

De la comparaison de ces décisions avec celle de 1851,
voici ce qu'il résulte : dans le système de 1851, la constitution
de gage était *en fait* possible dans tous les cas pour les
meubles incorporels qui entrent dans la composition du
fonds de commerce, impossible dans tous les cas pour les
meubles corporels en raison de la dépossession qui, prati-
quemment, ne peut se réaliser.

On avait donc une règle fixe, certaine, immuable.

Au contraire, d'après la nouvelle théorie de la jurisprudence, la constitution en gage des éléments corporels du
fonds va devenir possible (chose curieuse) si les éléments
incorporels paraissent au juge constituer l'élément le plus
important.

Dès lors, au lieu d'une règle précise et inflexible, nous n'avons plus que des données flottantes, abandonnées à l'appréciation des juges du fait.

A quoi tient ce changement et comment peut-on l'expliquer ?

Tout simplement, par cette idée, ou plutôt par cette fiction, d'après laquelle le fonds de commerce constitue une entité qui doit avoir un caractère juridique particulier, qui doit être rangée ou parmi les meubles corporels ou parmi les meubles incorporels.

Quoiqu'il en soit, l'arrêt du 13 mars 1888 a été, pendant dix ans, la base de la théorie de la constitution en gage du fonds de commerce ; mais nous verrons que la jurisprudence des cours d'appel en a tiré des conséquences qu'elle ne comportait sans doute pas.

Il importe donc de préciser le sens et la portée de cet arrêt.

Il nous semble que la théorie de la Cour de cassation peut être résumée ainsi.

Le fonds de commerce est une universalité juridique mobilière.

Cette universalité doit être considérée tantôt comme corporelle, tantôt comme incorporelle, suivant le caractère de la principale des valeurs qui la composent.

Lorsqu'elle est corporelle, (1) on doit appliquer à sa constitution en gage les règles du nantissement d'un meuble corporel, notamment : la mise effective en la possession du créancier.

Lorsqu'elle est incorporelle, il y a lieu d'appliquer à sa constitution en gage les règles des articles 2075 et 2076 du

______

(1) Ceci n'est pas exprimé explicitement dans l'arrêt, mais nous semble en découler. En notre sens. Paris 2 novembre 1898. Journal le Droit 26 novembre 1898.

Code civil, c'est-à-dire : la règle de la remise du gage en la possession du créancier ou d'un tiers convenu et celle de la signification au débiteur de la chose donnée en gage.

En conformité de ces dispositions, il y a donc lieu d'admettre que la constitution en gage du fonds sera régulière, si l'acte de nantissement a été signifié au bailleur de l'immeuble, où s'exploite le fonds, et si le créancier s'est fait remettre par le constituant le titre qui établit son droit de propriété sur la chose engagée.

Voilà le système qui se dégage de l'arrêt du 13 mars 1888.

Que doit-on penser de cette théorie.

Tout d'abord, il faut noter que la Cour a reconnu dans le fonds de commerce une universalité juridique; dans un chapitre précédent nous avons eu l'occasion d'exprimer sur ce point notre sentiment.

Nous voyons ensuite que la Cour de Cassation ne s'est pas approprié sans distinction les affirmations de la Cour de Grenoble.

Elle reconnaît que, dans le cas qui lui est soumis, le fonds doit être considéré comme étant un meuble incorporel.

Mais elle ne déclare pas que dans tous les cas il doit en être ainsi.

La cour de Grenoble, invoquant la jurisprudence de la Cour suprême, avait déclaré que, d'une façon absolue, le fonds de commerce était meuble incorporel; elle avait en cela commis une erreur;

La jurisprudence antérieure de la Cour de Cassation ne consacre pas un tel principe. Au contraire, dans divers arrêts cette Cour avait admis un principe opposé. A plusieurs reprises, notamment pour trancher le conflit d'attributions entre notaires et commissaires-priseurs, la Cour avait admis que la vente aux enchères des fonds de commerce, devait être faite par le ministère d'un notaire lors-

que le juge du fait considérait l'élément incorporel d'un
fonds comme en étant la partie essentielle et par le ministère d'un commissaire-priseur, lorsqu'au contraire le juge
du fait ne voyait dans cet élément que l'accessoire des éléments corporels (1).

Aussi, dans son arrêt du 13 mars 1888, la Cour de Cassation, se conformant à sa jurisprudence antérieure, a eu
bien soin d'éviter de poser en principe absolu que le fonds
de commerce est un meuble incorporel. Cela résulte indubitablement du passage des motifs où le juge s'exprime
ainsi : « Attendu que la partie essentielle d'un fonds de
« commerce *de cette nature* est l'enseigne, etc....

« Attendu d'ailleurs que l'arrêt attaqué déclare que
« *dans l'espèce*, rien ne permet d'attribuer au mobilier et
« au matériel une valeur supérieure à celle des autres élé-
« ments. »

Il est donc évident : que la Cour de cassation considère
qu'en matière de nantissement de fonds de commerce, la
première question à se poser pour juger si le contrat est
valable est la suivante :

Le fonds donné en gage était-il meuble corporel, était-il
au contraire meuble incorporel ?

« Dans l'espèce, dit notre arrêt, rien ne permet d'attri-
« buer au mobilier et au matériel, une valeur supérieure à
« celle de l'élément incorporel » ; le fonds est donc incorporel.

Avec MM. J.-B. Maguier et Octave Pruvost (2) nous
pensons que :

« Cette considération est tout à fait topique. Il en

---

(1) Cass 23 mars 1836, S. 1836-1-161. Cass req. 27 mai 1878. S. 1878-1-398.
Cass req. 25 juin 1895. S. 1895-1-409. Limoges 17 février 1897. Gaz. Pal.
25 avril 1897.

(2) Du nantissement constitué sur les fonds de commerce, page 22.

« résulte avec évidence, par a contrario, que dans l'esprit
« de la Cour, quand les circonstances de fait permettront
« au juge de considérer que la valeur du mobilier et du
« matériel constitue la partie la plus importante du fonds
« de commerce, le principe devra être renversé, et le fonds
« être considéré comme une valeur mobilière. » (Il faut
ajouter corporelle.)

Ainsi donc pour trancher la question que nous venons
d'indiquer, il faut comparer entre eux les divers éléments
qui constituent le fonds de commerce; cette universalité
sera corporelle ou incorporelle suivant la nature de l'élément dont la valeur sera prédominante (1).

Il y a là une appréciation de fait qui n'est pas de la
compétence de la Cour de Cassation et au sujet de laquelle
les Tribunaux ont une liberté absolue.

MM. Maguier et Pruvost, que nous citions tout à l'heure
ne croient pas que sur ce point l'arrêt de la Cour de Cassation puisse être critiqué.

Nous avons dans un chapitre précédent étudié cette
question de la nature du fonds de commerce, nous ne
voulons pas y revenir ici; nous nous contentons de faire
observer que, dans bien des cas, il est très-difficile de déterminer lequel des deux groupes d'éléments d'un fonds de
commerce ainsi composé l'emporte en valeur sur l'autre; et
que par conséquent dans ces cas là, la qualification du
fonds de commerce dépend de l'arbitraire du juge.

Nous verrons d'ailleurs plus loin que certains auteurs et
certains arrêts ont soutenu que l'élément incorporel était
toujours la partie essentielle du fonds de commerce.

Quoiqu'il en soit, étant donné que, dans l'espèce qui lui
était soumise, le fonds de commerce était à ses yeux incor-

(1) Cass, 23 mars 1836. S. 1836-1-161. Cass req., 27 mai 1878. S. 1878-
1-398. Cass req., 25 juin 1895. S. 1895-1-409.

porel, la Cour de Cassation n'a pas eu à préciser les conditions de validité du nantissement d'un fonds de commerce corporel.

Au contraire, elle a dû se préoccuper de vérifier si les contractants s'étaient bien conformés aux prescriptions des articles 2075 et 2076 du Code civil; et l'interprétation qu'elle donne de ces articles est intéressante.

L'article 2075 est en effet rédigé d'une façon bizarre. Il comporte une disposition générale, dans laquelle s'intercale un exemple; et il se termine par une disposition qui, par la place qu'elle occupe dans la phrase, semble être générale, alors que par sa rédaction, elle semble ne pouvoir se rapporter qu'à l'exemple donné dans la première partie de l'article.

L'existence d'une créance entraîne nécessairement celle d'un débiteur et si on la donne en gage, il est facile de satisfaire aux exigences de l'article 2075; mais un fonds de commerce est une propriété et non pas une créance; il n'y a donc pas de débiteur à qui la signification puisse être faite.

Si cependant on veut le donner en gage, comment pourra-t-on remplir la condition de l'article 2075 in-fine?

A vrai dire, cela est impossible; à moins de supposer que le constituant venant d'acheter le fonds n'en ait pas encore reçu livraison et que la signification soit faite au détenteur provisoire du fonds.

Cependant la Cour de cassation, dans l'arrêt du 13 mars 1888, déclare que les parties ont satisfait à cette exigence de la loi.

Le créancier gagiste a signifié l'acte de nantissement au bailleur de l'immeuble où s'exploite le fonds de commerce. La Cour considère qu'il existe une créance du locataire contre le bailleur; elle admet que la signification à ce dernier de l'acte nantissement du fonds de commerce satisfait suffisamment au vœu de la loi.

Cela est-il juste ?

Nous ne le pensons pas. Le droit au bail des lieux où s'exploite le fonds de commerce rentre à coup sûr dans le faisceau des droits incorporels que nous avons signalés comme faisant partie du fonds de commerce.

Dans certains cas, il a une valeur très grande; mais il ne faut pas perdre de vue qu'il ne constitue jamais, à lui seul, la partie incorporelle d'un fonds de commerce ; que dans bien des cas, il n'a qu'une très-faible valeur, tout au moins en tant qu'élément du fonds de commerce, et qu'enfin il peut arriver, et de fait il arrive assez fréquemment, qu'un fonds de commerce ne comporte pas de droit au bail.

Cela se produit notamment lorsque le propriétaire du fonds de commerce est en même temps propriétaire de l'immeuble où il l'exploite.

Or, quel a été le but que s'est proposé d'atteindre le législateur lorsqu'il a prescrit la signification de l'article 2075 in-fine ? Il est universellement admis, que la signification dont il s'agit a pour but principal de porter le contrat de gage à la connaissance des tiers, c'est-à-dire des personnes qui n'ont pas été parties à l'acte de nantissement et qui ont un intérêt légitime à le connaître et à le contester. Ils iront, on le suppose, se renseigner auprès du débiteur (1).

Lorsqu'il s'agit d'une créance, le moyen n'est peut être pas très-pratique, mais il peut évidemment être employé et il est efficace ; de même lorsqu'il s'agit de la dation en gage du droit à un bail ;

(1) Baudry Lacantinerie et De Loynes, du nantissement, des privilèges et des hypothèques (T. I) n° 58. — Lyon-Caen et Renault. Traité de Droit Commercial (T. III) 3° édit. n° 285.

Mais ce moyen de publicité devient tout à fait illusoire, lorsqu'il s'agit de la constitution en gage d'un fonds de commerce.

En effet : une créance, le droit à un bail sont d'abord des choses simples, ils ne peuvent donner lieu qu'à un nombre très-restreint de contrats ; on peut les céder, on peut les donner en gage ; mais ils ne constituent généralement qu'une faible partie de l'actif du patrimoine d'un individu.

L'on ne peut traiter sur eux qu'avec un assez-petit nombre de personnes. Et ces personnes ont toutes facilités pour se renseigner sur la chose qui fait l'objet du contrat qu'elles vont passer.

Il n'en va pas de même d'un fonds de commerce. Généralement un fonds de commerce entre pour une part considérable dans la composition du patrimoine de celui qui le possède ; il est généralement, et tout au moins par la jurisprudence, considéré comme composé d'éléments très-variés ; à la rigueur on peut soutenir que le moyen de publicité de l'article 2075 est suffisant pour prévenir les tiers qui veulent traiter avec le commerçant sur l'ensemble du fonds ; mais en dehors des conventions dont le fonds lui-même peut faire l'objet, il peut se rencontrer un grand nombre de contrats ne portant pas sur le fonds de commerce lui-même, mais sur des éléments du fonds : ce sont des achats et des ventes de marchandises, des opérations de banque, des opérations diverses sur des créances, des engagements de personnel, des assurances etc., etc.

Les diverses personnes, qui font ces contrats avec un commerçant, traitent sur des choses simples mais qui font partie de l'universalité qu'est le fonds de commerce, leurs intérêts méritent d'être sauvegardés, au même titre que ceux des personnes qui traitent sur l'ensemble du fonds ; or, en fait, ils ne le sont pas, si l'on admet, avec la Cour de

Cassation, que le contrat de constitution en gage du fonds de commerce est suffisamment rendu public, lorsqu'il a été signifié au propriétaire de l'immeuble où s'exploite le fonds de commerce.

On peut en outre ajouter que ce système a d'autres inconvénients : notamment il ne peut pas s'appliquer à tous les fonds de commerce. Comment en effet l'appliquer si le propriétaire du fonds de commerce est en même temps propriétaire des lieux où il l'exploite, ou encore si le fonds de commerce est un fonds ambulant, cirque, théâtre forain etc.

Dans ces cas là, si l'on admet, avec la Cour de Cassation, que le fonds de commerce fait partie des meubles incorporels qui, aux termes de l'article 2075, peuvent être donnés en gage, on est conduit à valider la constitution en gage sans qu'elle ait été signifiée, puisqu'il n'existe personne pour en recevoir signification, c'est-à-dire sans que le contrat satisfasse aux conditions exigées pour la validité de la constitution en gage des meubles incorporels et sans qu'il soit rendu public ; ou on est conduit à exiger qu'une signification soit faite, ce qui, en définitive, équivaut à déclarer nulle la constitution en gage d'un meuble incorporel, puisque personne n'a qualité pour recevoir cette signification ; résultat contraire à l'esprit de la loi qui permet de constituer en gage les meubles incorporels.

De tout ce que nous venons de dire, il résulte pour nous que la Cour de Cassation dans son arrêt du 13 mars 1888 a mal interprété l'article 2075 du Code civil.

L'erreur d'interprétation vient de ce que la Cour a voulu appliquer au fonds de commerce, chose d'une nature composite, des règles qui ont été faites pour des choses simples et que le législateur n'a jamais considérées comme susceptibles d'une interprétation aussi large que celle de la cour ;

les termes de l'article 2075 et l'exemple des droits incorporels qu'il donne en sont la preuve.

L'interprétation de l'article 2076 est-elle meilleure dans
l'arrêt de 1888 ?

Cet article est ainsi conçu :

« Dans tous les cas le privilège ne subsiste sur le gage
« qu'autant que ce gage a été mis et est resté en la pos-
« session du créancier ou d'un tiers, convenu entre les
« parties. »

La Cour de Cassation a considéré, que dans la constitution en gage d'une chose incorporelle, la tradition matérielle étant impossible, la mise et le maintien en possession du gage, exigés par l'article 2076, résultent de la
remise et de la détention du titre aux mains du créancier ; elle en a conclu que, lorsqu'un fonds de commerce
est donné en gage, la remise au créancier gagiste du titre
d'acquisition suffit pour donner satisfaction à la règle de
l'article 2076 du Code civil.

Là encore, nous retrouvons la même erreur d'interprétation, que nous venons de signaler à l'occasion de l'article
2075 du code civil. Nous pensons avec M. Auguste Blaizot (1) que :

« L'assimilation du fonds de commerce aux autres
« meubles incorporels, visés par les textes qui exigent la
« mise en possession du créancier gagiste, est évidemment
« contraire à l'esprit de ces textes. »

On peut tirer argument en ce sens de l'arrêt de 1888
lui-même.

En effet, la cour reconnait que, si la remise du titre est
suffisante lorsque la chose donnée est incorporelle, c'est
parce que la tradition matérielle est impossible ; cela ne

____

(1) De la mise en possession du créancier dans le contrat de gage n. 127.

parait pas douteux; il est bien certain que si l'on constitue une créance en gage, on ne peut pas opérer la tradition matérielle entre les mains du créancier gagiste de ce droit incorporel. Il faut donc se contenter de lui livrer le titre qui représente cette créance; si l'on exigeait plus, cela rendrait impossible la constitution en gage d'une créance, et ce serait contraire à l'esprit et à la lettre de l'article 2075.

Mais, lorsque le contrat de gage porte sur un fonds de commerce, on ne trouve plus la même raison de ne pas exiger la tradition matérielle du gage au créancier gagiste.

En effet, un fonds de commerce, en dehors des droits incorporels, comporte une partie matérielle dont le créancier peut très-bien être mis en possession effective; cette mise en possession est de la plus grande utilité, pour renseigner les tiers qui traitent avec le propriétaire du fonds de commerce; la loi a certainement voulu que la chose entière donnée en gage fût mise en la possession du créancier gagiste. Personne ne soutiendra qu'en cas de constitution de gage, sur une voiture, par exemple, il suffira que le créancier soit mis en possession des roues et du coffre, pour conserver son privilège sur les accessoires divers, dont le débiteur continuerait à se servir, et nous partageons, absolument l'avis de M. Blaizot qui pense que :

« Il y a une exagération véritablement inexcusable à
« faire intervenir la règle : « accessorium sequitur princi-
« pale », pour décider que le créancier gagiste doit être
« réputé en possession du matériel et des marchandises
« qui font partie du fonds constitué en gage, parce qu'il
« a été saisi de l'élément incorporel (que l'on considère
« comme l'élément principal), au moyen de la remise du
« titre d'acquisition. Le dessaisissement du débiteur est avant
« tout une pure question de fait et nous ne nous résoudrons
« jamais à admettre que le commerçant, qui reste en pos-

« session du mobilier qui entre dans la composition de son
« fonds de commerce, soit dessaisi ostensiblement comme
« l'exige la loi ».

On viendra peut-être dire que le tiers prudent, qui
voudra traiter avec un commerçant, pourra toujours lui
demander de représenter son titre d'acquisition du fonds
qu'il exploite.

Mais cette objection ne nous parait pas sérieuse. Il est
impossible, dans le commerce, de prendre de telles précau-
tions, tant parce que la rapidité des affaires commerciales
s'y oppose, que parce que la personne qui propose un
marché à un commerçant est dans la nécessité de ménager
sa susceptibilité.

D'ailleurs, une telle pratique aurait pour résultat de
mettre dans une très-mauvaise situation les commerçants
qui auraient fondé leur maison et qui par conséquent n'en
pourraient présenter le titre d'acquisition.

D'autre part, celui qui demanderait la production du
titre d'acquisition pourrait très-facilement être dupé par
un commerçant indélicat. Celui-ci n'aurait, en effet, qu'à
passer devant notaire son acte d'acquisition et cela lui per-
mettrait de présenter, à toute réquisition, son titre puisque
la grosse en est réservée au vendeur et que les parties peuvent se faire délivrer le nombre d'expéditions qui leur plait.

Il nous semble donc, que la théorie de la Cour de Cassation est très-défectueuse, lorsqu'on l'examine au point de
vue purement juridique ;

Nous pensons que la Cour à été dominée par le désir de
rendre possible un contrat, dont la pratique lui paraissait
utile ; c'est donc à des considérations d'ordre purement
économique qu'elle a obéi, lorsqu'elle a rendu son arrêt du
13 mars 1888.

Nous nous demanderons plus loin, quelle est la valeur de

ces considérations économiques, et s'il n'existe pas dans notre code une lacune regrettable ; pour le moment nous nous contentons de constater qu'une interprétation exacte de la loi aurait dû, en 1888, conduire à l'annulation du contrat de constitution en gage du fonds de commerce et que l'on aurait dû suivre la voie indiquée par l'arrêt de la cour de Paris du 26 juillet 1851.

Mais, il nous reste à indiquer ici quelles ont été les conséquences de l'arrêt du 13 mars 1888.

Cet arrêt devait produire et à produit un effet diamétralement opposé à celui de l'arrêt de 1851. A partir du moment où un nantissement de fonds de commerce a été déclaré valable par la Cour suprême, la pratique de ce contrat jusque-là, très-hésitante a pris un rapide développement.

De nombreuses décisions judiciaires ont été rendues dans cette matière et nous allons voir que la jurisprudence des cours d'appel et des tribunaux civils a contribué, pour une large part, à rendre fréquentes les constitutions en gage de fonds de commerce.

Les tribunaux de commerce ou, pour être plus précis, le Tribunal de Commerce de la Seine a, d'abord accepté la jurisprudence de la Cour de Cassation, il en a fait l'application dans un jugement du 5 juin 1891 (1).

Dans cette décision, le Tribunal reprend les motifs de l'arrêt de la cour de Grenoble, cité plus haut ; comme elle, il considère que : « le principe qu'un fonds de commerce, « quels que soient les éléments qui le constituent, est un « meuble incorporel, est consacré sans contestation par la « jurisprudence ». Il conclut en admettant la validité de la constitution en gage qui était soumise à son appréciation.

(1) V. le texte de ce jugement dans Magnier et Pruvost : Du nantissement constitué sur les fonds de commerce page 27 note 1.

. Il va donc plus loin que la Cour de Cassation dont nous avons signalé la prudente réserve et qui nous a paru ne pas admettre que dans tous les cas un fonds de commerce était un meuble incorporel.

La Cour d'Appel de Paris, dans la même espèce, se montre plus réservée ; par son arrêt du 21 juillet 1892 elle confirme le jugement du Tribunal de Commerce ; mais elle constate que la décision qu'elle rend porte préjudice aux tiers, et dans son impuissance d'ajouter aux dispositions de la loi, elle regrette que celle-ci n'ait pas mieux sauvegardé leurs intérêts en organisant une publicité efficace.

Cependant les termes de cet arrêt sont plus généraux que ceux de l'arrêt de 1888, et il proclame que dans un fonds de commerce « les éléments essentiels, ceux qui « constituent réellement « le fonds » sont : le titre, l'en- « seigne et l'achalandage, sans lesquels, il ne saurait « subsister dans son identité ; que le matériel, les usten- « siles et les marchandises, simples moyens d'exploitation « qui peuvent être changés ou modifiés sans que l'exis- « tence même du fonds de commerce en soit affectée, n'en « sont que les éléments accessoires ; que le titre, l'enseigne « et l'achalandage étant de nature mobilière et incorpo- « relle, il en résulte que le fonds de commerce tout entier « revêt le même caractère » (1).

. Ce sont ces principes qui ont servi de base à toutes les décisions postérieures des Tribunaux civils et des Cours d'appel (2). A partir de 1892, de nombreux arrêts les ont

(1) Cf. Riom 30 mars 1892. D. 1892. 2. 220 S. 1894. 2. 237. Lyon-Caen et Renault : traité de droit commercial, III n° 240 ; Boistel, précis de droit commercial n. 429.

(2) Trib. Civ. Seine, 24 juin 1892, Gaz. Pal. 1892. 2. 461.-Paris 21 juillet 1892 D. 1893. 2. 108.-Trib. civ. Seine 13 9bre. 1894. Gaz Pal. 1895.-1.-159.-T. civil. Seine : 15 janvier 1895 Gaz. Pal 1895-1-388. S. 1897. 2. 96.-Paris 26 février 1895 Gaz. Pal. 1895.-1-392. S. 1897 2. 92.-Paris 4 janvier 1896 Gaz. Pal. 1896-1-40. S. 1897-2-95.-Paris 6 juin 1896. D. 1896-2-471 Gaz. Pal. 1896

invoqués. Ce n'est que tout récemment (le 2 novembre 1898)
que la cour d'appel de Paris a corrigé cette théorie, pour
la mettre entièrement d'accord avec celle de la cour de
cassation.

Dans cet arrêt, elle a déclaré nulle une constitution en
gage d'un fonds de commerce, parce qu'il n'avait pas été
effectivement mis en la possession du créancier gagiste,
alors que l'élément corporel en constituait la partie essentielle. Mais les tribunaux consulaires se sont systématiquement refusés à suivre les Cours d'Appel dans leur interprétation de la loi.

Dès le 9 janvier 1892, le Tribunal de commerce de la
Seine, revenant sur l'opinion exprimée dans son jugement
du 5 juin précédent, déclare nulle la constitution en gage
d'un fonds de commerce. « Attendu que le contrat manquait
« des conditions de dessaisissement, qui seules justifient le
« privilège qui s'attache à la qualité de créancier gagiste.
« Attendu que le fonds de commerce constitue le gage
« commun et apparent des créanciers d'un commerçant,
« qu'il engendre la foi des tiers et qu'il ne peut dépendre
« d'un acte resté sans publicité et par conséquent ignoré
« des intéressés, de distraire ce fonds de l'actif de la masse
« des créanciers. »

Le 24 août 1893, une nouvelle décision du même Tribunal
refuse d'admettre la validité d'un autre contrat de constitution en gage de fonds de commerce.

Le Tribunal insiste sur le caractère essentiellement réel
du contrat de gage. Il rappelle qu'il est de l'essence de
ce contrat, que la tradition en soit réellement effectuée ; il
se refuse à admettre qu'un commerçant puisse valablement

2-232.-Lyon 14 mars 1895 Gaz. Pal. 1895-2-315 S. 1897-2-94.-Paris 22
8 bre 1896. Gaz. Pal. 1896-2-561.-Paris 24 Déc. 1896 Gaz. Pal. 1897-1-175.-
Paris 7 août 1897 Gaz. Trib. 2ᵉ partie 249-1-1898.

donner en gage son fonds et continuer néanmoins à l'exploiter.

De nombreuses décisions du Tribunal de commerce de la Seine, basées sur des considérations semblables à celles que nous venons de rapporter, ont déclaré nulles des constitutions en gage de fonds de commerce (1).

Le Tribunal de commerce de Saint-Etienne a eu, lui aussi, l'occasion de protester contre la théorie des Cours d'appel et il l'a fait dans un jugement très-bien motivé en date du 10 janvier 1894 (2), réformé d'ailleurs par la Cour de Lyon le 14 mars 1895 (3). Il rappelle notamment que la matière qui nous occupe est régie non seulement par les articles 2075 et 2076 du Code civil, mais encore par les articles 91 et 92 du Code de commerce. Il fait observer, à bon droit selon nous, que l'article 92 du Code de commerce réédite les dispositions de l'article 2076 et que le soin qu'a pris là le législateur, prouve qu'en matière commerciale, plus qu'en toute autre il considérait comme indispensable la mise en possession effective du créancier gagiste.

Il rappelle aussi « qu'en matière de privilège tout est de « droit étroit, et que la tradition matérielle imposée par la « loi, ne saurait être utilement suppléée par une tradition « symbolique. »

(1) Tribunal Commerce, Seine. 9 janvier 1892, Gaz. Pal. 1892, 1, 327 ; 24 août 1893, Gaz. Pal. 1893, 2, 347. S. 1897. 2-90 ; 26 juillet, 1894, Gaz. Pal. 1895, 1-67; 13 décembre 1894; 26 février 1895, Gaz. Pal. 1895 1-515, S. 1897, 2-96; 16 août 1895, Gaz. Pal. 1895, 2-348 ; 21 novembre 1895, Gaz. Pal. 1896, 1, 194 ; 18 janvier 1896. Gaz. Pal. 1896, 1, 258, S. 1897, 2-96 ; 6 mars 1896, Gaz. Pal. 1896, 1-519.

Tribunal de Commerce, Lyon. 10 mai 1898 ; Gaz. Pal. 1898, 2-289 ; Mon-Lyon, 1898, 26 mai.

Tribunal de commerce, Seine. 28 octobre 1896. Le droit n° du 26 novembre 1898 ; 4 avril 1894. S. 1897, 2 95.

(2) Gazette Palais, 1894, I, 125, Journ. Trib. de commerce, 1895, p. 809, S. 1897, 2-93.

(3) S. 1897, 2, 94.

Il invoque enfin la théorie que vient de consacrer la Cour de Paris dans son arrêt du 2 novembre 1898 (1), pour prononcer la nullité d'une dation en nantissement d'un fonds de commerce.

Toutes ces décisions des Tribunaux de commerce ont été inspirées par un désir très-louable : celui de sauvegarder les intérêts des tiers qui traitent avec le commerçant, et qui, dans le système admis par les Cours d'appel ne sont aucunement informés du privilège spécial consenti sur ce qu'ils sont en droit de considérer comme leur gage commun.

Mais aucune n'a invoqué la raison capitale qui, à notre avis, avant la loi du 1er mars 1898 aurait dû rendre impossible la constitution en gage du fonds de commerce.

Un jugement du Tribunal de commerce de la Seine du 28 octobre 1896 (2), confirmé, sans adoption de motifs, par l'arrêt de la Cour de Paris du 2 novembre 1898, cité plus haut, a pourtant exprimé en partie cette raison. Nous y relevons en effet le motif suivant : « Attendu que si l'ar-« ticle 2075 du même Code (Code civil), admet que le des-« saisissement peut résulter en ce qui concerne les meubles « incorporels, d'un acte public ou sous-seing privé, « signifié au débiteur de la créance donnée en gage, il « convient de remarquer que la loi, *n'a envisagé que ces* « *sortes de droits dont la nature occulte, ignorée des tiers,* « *n'a pu engendrer leur confiance.* »

Au fond, le Tribunal de commerce obéit toujours à des considérations pratiques, mais elles l'ont ici conduit à faire une remarque très-judicieuse ; il a recherché ce que le législateur a envisagé quand il a écrit l'article 2075 et avec raison il a dit que le législateur n'a pas songé au fonds de commerce.

(1) Le Droit n° du 26 novembre 1898.
(2) Le Droit n° du 26 novembre 1898.

Pourquoi? aux yeux du Tribunal, parce que ce n'est pas une valeur occulte; ici nous nous séparons de lui. Le fonds de commerce, pensons-nous, ne doit pas être compris dans les termes de l'article 2075, non pas parce qu'il est une valeur connue des tiers, car à ce compte il n'y aurait pas de meuble incorporel qui pût être donné en gage. Le droit au bail d'une maison, une créance, par exemple une créance d'appointements, de loyers, sont généralement connus des tiers; le législateur l'a prévu, puisque ceux-ci peuvent atteindre la créance par la saisie-arrêt; cela ne les empêche pas de pouvoir être donnés en gage. Mais lorsque le législateur a rédigé l'article 2075 du Code civil, il n'a pas songé que l'on voudrait un jour l'appliquer au fonds de commerce, parce qu'il n'a eu en vue que des choses simples d'une nature purement incorporelle, alors que le le fonds de commerce est une chose d'une nature composite et mixte, une universalité.

Ainsi donc, si l'on ne pouvait donner en bloc un fonds de commerce en nantissement, c'est parce que en matière de privilège tout est de droit étroit, parce qu'aucun texte ne permettait de l'assimiler à un meuble corporel ou à un meuble incorporel.

Et nous ne nous arrêtons pas devant les conséquences de cette opinion.

Pour nous, le fonds de commerce, qui dans son ensemble et avant la loi de 1898 n'était ni meuble corporel ni meuble incorporel, ne pouvait être mis en gage ni d'après les règles relatives aux meubles corporels, ni d'après celles qui régissent la mise en gage des meubles incorporels.

En effet, si nous admettons que le fonds de commerce doit être considéré comme meuble corporel, lorsque les éléments corporels qui y entrent ont une valeur supérieure à celle des éléments incorporels, il serait logique de décider que le créancier gagiste a été mis en possession de l'ensemble du fonds par le fait même de la tradition de la partie matérielle de ce fonds; l'accessoire suivant le sort du principal, il serait superflu de signifier l'acte de nantissement au propriétaire de l'immeuble et même de remettre au créancier le bail des lieux où il s'exploite.

Nous aurions alors une constitution de gage sur un droit incorporel, le droit au bail, qui ne satisferait pas aux conditions exigées pour la validité de la dation en gage de ces droits. Nous reconnaissons d'ailleurs volontiers que les inconvénients pratiques qui en résulteraient ne seraient pas très-considérables.

Mais il faut remarquer que la mise en possession de l'élément matériel du fonds ne serait pas suffisante pour assurer au créancier le bénéfice de son privilège. Il faudrait en outre, dans le cas où il s'agirait d'un gage constitué pour une dette civile aux termes de l'article 2074 du Code civil, que l'acte de nantissement contint déclaration de l'espèce et de la nature des choses remises en gage ou un état annexé de leurs qualité, poids et mesures.

Le créancier gagiste devrait donc conserver les choses à lui remises en gage jusqu'au paiement de la dette et les restituer elles-mêmes lors du paiement.

Aucune opération commerciale ne pourrait être faite sur ces choses ; un fonds de commerce supposant nécessairement un mouvement de marchandises, on peut dire qu'après la dation en gage de ces choses, il n'y aurait plus de fonds de commerce; ce qui revient à dire que si les divers éléments d'un fonds de commerce peuvent être donnés en gage, le fonds lui-même n'est pas susceptible de faire l'objet d'un tel contrat.

Pourrait-on tourner cette difficulté, et par exemple dans l'acte de nantissement autoriser le créancier à gérer ou faire gérer le fonds de commerce, lui donner tous pouvoirs à l'effet d'acheter ou de vendre des marchandises? Nous ne le pensons pas, une semblable convention serait nulle aux termes des articles 2078, § II Code civil et 93, § dernier du Code de commerce, car elle entraînerait, tout au moins indirectement, le créancier à disposer des choses qui lui auraient été remises en gage sans les formalités prescrites par la première partie de ces deux articles. De plus, le créancier ou le tiers qu'il se substituerait ne serait que le mandataire du débiteur; le dessaisissement serait donc fictif et par suite insuffisant (1).

On nous objectera que le tiers dont il s'agit posséderait pour le compte du créancier ; que ce serait le *tiers convenu* dont parlent les articles 2076 du Code civil et 92 du Code de commerce.

A cela nous avons déjà répondu d'avance. Le fonds de commerce n'est pas comme un autre meuble. Il ne peut subsister que s'il est exploité. Si le tiers exploite pour le compte du créancier celui-ci se met en contravention avec les règles des articles 2078, § II du Code civil et 93, § dernier du Code de commerce.

S'il exploite pour le débiteur, il est son mandataire, le dessaisissement est fictif. Enfin s'il exploite pour les deux parties les deux raisons de nullité de la constitution de gage s'ajoutent l'une à l'autre.

On peut ajouter que s'il est possible de remettre un meuble ordinaire en la possession d'un tiers convenu, il n'en est pas de même d'un fonds de commerce. Il est impossible que le commerçant s'en dessaisisse, sinon qui serait responsable de la gestion vis-à-vis des créanciers ? Qui pourrait être mis en faillite ?

(1) C. f. Trib. Comm. Seine, 18 janvier 1896, S. 1897, 2-96.

Il nous semble donc que le fonds de commerce ne pouvait avant le premier mars 1898 être donné en gage ni comme meuble incorporel, ni comme meuble corporel et nous ajoutons que même au cas où l'on aurait tenté de combiner les règles du nantissement d'un meuble corporel et celles du nantissement d'un meuble incorporel, il eut été impossible de constituer régulièrement en gage un fonds de commerce, car il eût toujours été impossible de donner en gage la partie corporelle du fonds de commerce (1).

Quoiqu'il en soit avant la loi du 1er mars 1898 deux théories étaient en présence.

D'une part la Cour de Cassation et les juridictions Civiles, à sa suite, admettaient la possibilité de constituer en gage le fonds de commerce et l'on a soutenu que cette faculté était conforme à l'intérêt du crédit public.

D'autre part les juridictions Consulaires invoquant elles aussi l'intérêt public combattaient sans défaillance le même contrat.

La doctrine se prononçait généralement dans le sens de la jurisprudence des tribunaux de commerce.

MM. Lyon-Caen et Renault (2) pensaient que l'on pouvait soutenir avec beaucoup de force qu'un fonds de commerce ne pouvait être constitué en gage, car il était véritablement fort à craindre, avec la doctrine de la Cour de Cassation et des Cours d'appel, qu'un fonds de commerce ne fût constitué en gage, sans que les tiers fussent mis à même de le savoir.

Cette opinion était partagée par MM Baudry Lacantinerie et de Loynes (3) et par MM. J. B. Magnier et Octave Pruvost.

(1) Contrat. Note de M. Alb. Wahl S. 1897. 2 p. 89.
(2) Tr. de Droit Commercial. 2e Edit. T. 3e n° 285.
(3) Tr. du nantissement des privilèges et des hypot. I. n° 81.

Ces derniers expriment le vœu que l'on s'abstienne de formules générales et de principes intransigeants, que dans chaque espèce, le juge descende à l'examen du fait et qu'il exige la mise en possession effective du créancier gagiste, toutes les fois que l'importance de l'élément matériel sera telle, qu'il y aura impossibilité de considérer le fonds de commerce comme un meuble d'une seule nature.

Toutefois l'opinion contraire était soutenue par M. Guillouard dans son traité de nantissement n° 92.

Il était donc urgent de faire disparaître cet antagonisme; c'est dans le but d'y parvenir que, sur la proposition de M. Millerand député, le parlement a voté la loi du 1er mars 1898, que nous allons maintenant étudier.

CHAPITRE II

Frappé des inconvénients graves qui résultaient du désaccord survenu entre la Cour de Cassation et les Tribunaux de Commerce, M. Millerand député, avait, dès le 1er mars 1893, déposé une proposition de loi tendant à modifier l'article 2075 du Code civil et à apporter un remède à cette situation.

L'exposé des motifs très-bref, qui accompagnait cette proposition de loi, indiquait qu'une jurisprudence constante rangeait les fonds de commerce au nombre des meubles incorporels ; que l'enregistrement de l'acte sous-seing privé comme l'authenticité de l'acte public imprimaient bien au contrat date certaine mais n'en assuraient point la publicité ; que le simple bon sens suffisait à faire apercevoir les graves inconvénients qui résultaient pour les tiers du secret de la dation en gage du fonds de commerce.

Pour remédier à ces inconvénients M. Millerand proposait d'adapter à la situation particulière du fonds de commerce une publicité spéciale qu'il considérait comme pouvant être organisée par une simple addition à l'article 2075 du Code civil, ainsi conçue :

« *En outre* chaque dation en nantissement d'un fonds de
« commerce devra, à peine de nullité, recevoir mention
« sur le registre public tenu à cet effet au greffe du Tri-
« bunal de commerce du domicile du cédé. »

Cette proposition, après avoir fait l'objet d'un rapport sommaire de M. Buvignier, le 8 juin 1893, avait été prise en considération par la Chambre, le 19 juin 1893. La fin de la législature l'avait empêché d'aboutir.

Elle fut reprise par son auteur, le 18 mai 1895. Le 17 juin 1897, elle fit l'objet d'un rapport sommaire de M. Laurençon, qui n'était que la reproduction du très-bref rapport de M. Buvignier et le 5 novembre suivant d'un rapport de M. Millerand.

Dans ce rapport, l'auteur de la proposition de loi après avoir rappelé la théorie de la Cour de Cassation et celle des Tribunaux de Commerce, exposait qu'on ne pouvait refuser à un débiteur le droit de disposer de son fonds de commerce comme de tout autre élément de sa fortune ; que les critiques les plus fondées étaient cependant formulées contre l'exercice de ce droit sous l'empire de la législation alors existante, mais que ce droit ne serait plus critiquable lorsqu'une publicité suffisante serait organisée.

Huit jours plus tard, la Chambre des Députés déclarait l'urgence et la proposition était adoptée sans aucune discussion le 12 novembre 1897.

Transmise au Sénat, elle y fit l'objet d'un rapport de M. Thézard en date du 23 décembre 1897, auquel nous devrons nous reporter souvent ; il est de tous le plus explicite et il donne à la loi sa véritable signification. C'est à la suite de ce dernier rapport que notre loi fut votée après déclaration d'urgence et sans discussion, le 8 février 1898.

Toujours sans discussion, la proposition, telle qu'elle revenait du Sénat, fut acceptée par la commission de la Chambre au nom de laquelle M. Millerand fit un rapport en date du 15 février 1898 et fut votée par la Chambre, le 25 février 1898.

Le texte adopté par le Sénat est donc devenu le texte de la loi du 1er mars 1898, promulguée au *Journal Officiel* du 3 mars 1898.

Cette loi est ainsi conçue :

« Article unique. L'article 2075 du Code civil est ainsi
« complété : Tout nantissement d'un fonds de commerce
« devra, à peine de nullité vis-à-vis des tiers, être inscrit
« sur un registre public tenu au greffe du ¡Tribunal de
« Commerce dans le ressort duquel le fonds est exploité. »

Pourquoi ce texte a-t-il été inséré à la suite de l'article 2075 du Code civil alors qu'il paraissait avoir trait principalement à une matière commerciale? L'explication de cette apparente anomalie a été donnée par M. Millerand dans son rapport; nous la reproduisons car elle nous semble très juste.

« La disposition nouvelle, dit M. Millerand, aurait trouvé
« dit-on, sa place naturelle à la suite de l'article 91 ou 92 du
« Code de Commerce....... nous ferons simplement observer
« que l'article 91 du Code de Commerce vise lui-même en
« termes exprès l'art. 2075 du Code civil et qu'il paraît
« légitime d'inscrire au rang des dispositions essentielles
« de la constitution du nantissement une condition exigée
« à peine de nullité. »

On peut ajouter à ceci que la disposition nouvelle est générale, qu'elle s'applique au gage civil comme au gage commercial et que pour cette raison il était indispensable de l'insérer au Code civil.

Le but que le législateur s'est proposé d'atteindre apparaît à la lecture des rapports de MM. Millerand et Thézard.

M. Millerand s'est proposé de mettre fin au conflit qui existait entre la jurisprudence des Cours d'Appel et celle des Tribunaux de Commerce, en faisant disparaître l'inconvénient, signalé par les Tribunaux de Commerce, qui les incitait à prononcer dans tous les cas la nullité de la constitution en gage du fonds de commerce.

« Elle (la proposition de loi), dit-il, se propose, en fai-
« sant cesser une contradiction parvenue à l'état aigu entre
« la jurisprudence des Tribunaux consulaires et celle de
« la Cour de Cassation, de donner au commerce des garan-
« ties de sécurité qu'à bon droit il réclame. »

Et plus loin :

« C'est le devoir du législateur d'intervenir pour créer
« une publicité destinée à faire disparaître le caractère
« clandestin dont le privilège était nécessairement entaché
« dans le système de la Cour de Cassation. » (rapport de
« M. Millerand.)

« La proposition de loi, dit M. Thézard, que notre com-
« mission à l'unanimité vous demande d'adopter en prin-
« cipe, a pour objet d'établir les conditions spéciales de
« publicité, sous lesquelles la dation en nantissement d'un
« fonds de commerce pourra être opposable aux tiers et
« de combler par là une lacune évidente de la loi.

« En matière de garanties réelles accordées à un créan-
« cier sur un élément quelconque du patrimoine du débi-
« teur....... c'est une publicité appropriée à chaque nature
« de garanties qui seule doit donner effet aux actes à
« l'égard des tiers. »

Cette publicité était illusoire, nous l'avons vu, pour le nantissement du fonds de commerce. La Jurisprudence de

la Cour de Cassation validait des nantissements qui, en fait,
étaient clandestins puisqu'ils ne nécessitaient pas la dépossession et n'étaient portés qu'à la connaissance du propriétaire de l'immeuble où s'exploitait le fonds de commerce.
Il en résultait de grands dangers pour les tiers qui traitaient
avec le constituant, dangers signalés à maintes reprises par
les Tribunaux de Commerce. C'est donc pour remédier à
ce défaut que la loi édicte une publicité qu'elle considère
comme appropriée à la nature du fonds de commerce.

Cette publicité consiste dans une mention sur un registre
tenu au greffe du Tribunal de Commerce, et cette formalité
remplace tout déssaisissement réel ou symbolique.

Le débiteur restera donc en possession du fonds de
commerce qu'il aura donné en gage. Il continuera de
l'exploiter sans que la constitution en gage doive se mani-
fester par aucun signe matériel ; il sera dans une situation
analogue à celle du propriétaire d'un immeuble qui a fait
un emprunt garanti par une hypothèque. Et, quoique
M. Millerand, ait déclaré ne pas vouloir « aborder le grave
« problème du contrat de gage, ni les modifications qu'on
« pourrait proposer à la constitution du nantissement des
« choses mobilières : » on soutiendra certainement que la
loi, qui est sortie de sa proposition, a introduit en réalité
dans notre Code une modification des plus considérables ;
qu'elle a enlevé au contrat de gage d'un fonds de commerce le caractère réel qu'il avait autrefois, que tout en
conservant à ce contrat le nom de nantissement, en fait,
c'est l'hypothèque des fonds de commerce, que la loi de
1898 a introduite dans notre législation.

Cette réforme ne devait peut-être pas rester isolée. Le
promoteur de la loi semble, d'ailleurs, l'avoir compris.
Voici, en effet, ce qu'on lit dans l'exposé des motifs qui
accompagnait la proposition de loi : « Peut-être pourra-t-on

« avec avantage transporter cette disposition nouvelle dans
« l'organisation du crédit agricole. »

Voilà une extension possible mais on en concevrait beaucoup d'autres.

Une loi du 18 juillet 1898, d'ailleurs beaucoup plus complète que celle que nous analysons, est entrée dans cette voie.

Elle aussi organise un système de sûretés réelles dans
lequel le débiteur conserve en sa possession le meuble qui
fait l'objet de la sûreté accordée au créancier. L'article
premier de cette loi contient en effet cette disposition :
« Tout agriculteur peut emprunter sur les produits agri-
« coles ou industriels provenant de son exploitation et
« énumérés ci-dessus, et en conservant la garde de ceux-ci
« dans les bâtiments ou sur les terres de cette exploitation. »

Comme la loi du 1er mars 1898, elle remplace aussi le
dessaisissement par un mode de publicité en harmonie
avec la nature des objets engagés et grâce auquel les principaux intéressés seront prévenus de la constitution de
gage ou pourront se renseigner au greffe de la Justice de
Paix (Art. 5). Il nous semble que ces deux lois ont leur
source dans la même idée générale. En effet si les meubles
auxquels elles s'appliquent sont très différents de nature il
ont cependant un caractère commun : Ils sont d'un déplacement difficile. La mise en possession du créancier gagiste
ne pourrait donc pas se faire aisément : et puisqu'ainsi ils
sont en quelque sorte attachés à un lieu, cela permet d'organiser à l'égard de leur constitution en gage un système
de publicité voisin de celui que l'on emploie pour faire
connaître la constitution de privilèges sur les immeubles.
Ce système, basé sur une inscription, paraît alors suffisant
pour porter à la connaissance du public la constitution du
privilège et empêcher le débiteur de disposer de la chose
en fraude des droits du créancier gagiste, sans que celui-ci

ait besoin de se faire mettre en possession du gage.

Il ressort des termes de la loi du 1er mars 1898 comme aussi des travaux préparatoires dont nous venons de parler que le but principal, et pour ainsi dire unique, du législateur a été de sauvegarder les intérêts des tiers.

La proposition de M. Millerand, votée sans discussion par la Chambre, aurait pu laisser un doute à ce sujet car elle prescrivait la mention du contrat sur un registre à peine de nullité, sans plus préciser. On aurait pu soutenir que cette nullité était absolue, que le contrat serait inopérant, entre les parties contractantes elles-mêmes, tant que la mention n'en serait pas faite sur le registre ; le Sénat a fort heureusement précisé la pensée de l'auteur de la proposition en ajoutant les mots : « vis-à-vis des tiers ». Au sujet de cette addition M. Thézard dans son rapport a fait la remarque suivante : « Il s'agit là d'une nullité qui, bien évidemment, « dans la pensée des auteurs de la loi, ne doit pas produire « son effet entre les parties elles-mêmes, *liées dès l'instant* « *même* de la convention, mais seulement à l'égard des « tiers, auxquels elle serait inopposable pour défaut de « publicité. » Il est donc certain qu'entre les parties contractantes, le contrat est parfait dès que l'échange des consentements a eu lieu; et quoique le législateur n'ait pas eu en vue de modifier le contrat de gage lui-même, il apparaîtra aux yeux de bien des auteurs qu'une brèche a été faite à l'ancienne théorie du contrat de gage. En effet, dans le cas de nantissement d'un fonds de commerce tout au moins, il ne leur sera plus possible de soutenir que le contrat de gage a conservé le caractère qu'il avait en droit romain, qu'il est un contrat réel et qu'il ne peut se former que par la remise au gagiste de la chose engagée (1).

(1) Laurent, t. XXVIII, n°s 435 et 437. Colmet de Santerre. Cours analytique n°s 295-295 *bis*.

Le contrat de nantissement *d'un fonds de commerce* rentre désormais, à coup sûr, dans la catégorie des contrats consensuels et il semble bien même, que les auteurs qui considèrent le contrat de gage en général comme un contrat consensuel, au même titre que tous les autres contrats (1), pourront tirer argument de la nouvelle loi à l'appui de leur opinion. Ils pourront en effet soutenir que le législateur, qui n'a pas voulu modifier les règles générales du contrat de gage, a, en fait, interprété la loi dans un sens favorable à leur opinion.

Etant donné que la loi prescrivait une publicité dans l'intérêt des tiers, il eut été bon qu'elle précisât les conditions et les termes dans lesquels cette publicité devrait être faite. La loi indique bien l'endroit où la publicité doit se faire, c'est le greffe du tribunal de commerce dans le ressort duquel est exploité le fonds de commerce. Elle ajoute que le moyen à employer sera l'inscription sur un registre public; mais là se bornent ses indications. Il est fâcheux que le législateur n'ait pas déterminé les formalités de l'inscription comme l'a fait soit l'article 2148 du code civil soit la loi du 10 juillet 1885 sur l'hypothèque maritime. Il y a là assurément une lacune dont nous aurons à signaler plus loin les inconvénients et qui serait peut-être apparue aux yeux du législateur, si la loi avait été préparée avec plus de soin et si elle n'avait pas été votée aussi hâtivement. A moins de tomber dans l'arbitraire il est difficile de déterminer les mentions que devra contenir l'inscription. Il est probable qu'en général ce sera le créancier qui remplira la formalité au greffe. C'est lui qu'elle intéresse en effet le plus directement; la prudence lui conseillera de faire une inscription aussi complète que possible, de bien

(1) Vigié cours élémentaire. Tome I n° 1200.

déterminer principalement le fonds donné en gage, le montant de sa créance. Pour cela, il indiquera ses noms et prénoms, domicile et profession, ceux de son débiteur et du constituant si le gage est constitué par un autre que le débiteur, la nature et la situation du fonds grevé, le montant de sa créance en principal et accessoires, la date de l'exigibilité. Mais, aucune de ces mentions n'étant prescrite à peine de nullité, nous pensons que l'inscription devra être reconnue valable toutes les fois que le fonds de commerce grevé sera suffisamment désigné.

Quoiqu'il en soit, il est certain que cette inscription est la seule formalité de publicité à laquelle soit soumis le contrat de gage d'un fonds de commerce, pour être opposable aux tiers. Dans son rapport M. Thézard fait remarquer en effet que le code civil a prescrit une publicité des sûretés réelles appropriée à la nature des divers biens : l'inscription en ce qui concerne les biens d'une nature immobilière, la mise en possession en ce qui touche les biens meubles corporels, la remise du titre et la signification pour les créances, il ajoute que sous l'empire du code civil aucune publicité n'était appropriée à la nature du fonds de commerce, lequel est à ses yeux une universalité juridique, et que le mode de publicité proposé par M. Millerand est cerainement des mieux appropriés à l'objet poursuivi· Il considère donc que les modes de publicité organisés pour la constitution en gage des autres biens sont inapplicables au fonds de commerce, et que la seule formalité de publicité à remplir à l'avenir sera celle de l'inscription. Cela apparaît encore plus clairement lorsqu'on remarque que la proposition Millerand commençait par les mots : « en outre » et que ces mots ont été supprimés dans le texte adopté en définitive : « D'après la proposition votée « par la Chambre dit M. Thézard, la publicité par voie de

« mention sur un registre était une condition s'ajoutant à
« celle déjà indiquée dans la première partie de l'article 2075,
« savoir la notification du titre au débiteur, c'est-à-dire
« qu'on avait maintenu la règle reconnue par l'arrêt de 1888,
« la nécessité de la signification au propriétaire locateur.

« Par la suppression des mots « en outre » nous faisons
« de la publicité une condition indépendante et qui se suf-
« fit à elle-même, en matière de nantissement de fonds de
« commerce. Nous avons, d'ailleurs, montré par avance le
« caractère illusoire de la signification à faire au proprié-
« taire locateur ; elle n'ajoute rien à la sauvegarde des inté-
« rêts qu'il s'agit de protéger.

« La portée de la disposition nouvelle va plus loin : elle
« supprime aussi nécessairement en matière de nantisse-
« ment de fonds de commerce l'application de l'article 2076,
« c'est-à-dire la mise de l'objet en la possession du créan-
« cier ou d'un tiers.

« Cette mise en possession est en réalité incompatible
« avec la nature du fonds de commerce. . . . . »

Ainsi donc, il ne sera plus utile ni de remettre au créancier gagiste le titre d'acquisition du fonds de commerce
donné au gage, ni de signifier l'acte de nantissement au
bailleur des lieux où il est exploité (1).

Le Tribunal de commerce de la Seine dans un jugement
du 5 novembre 1898 (2), a cependant refusé d'admettre
la validité d'un nantissement de fonds de commerce, parce
que les titres établissant les droits du débiteur n'avaient
jamais été remis au créancier.

Cette décision est absolument en contradiction avec l'esprit et avec les travaux préparatoires de la loi du

____

(1) Lyon-Caen et Renault, Traité de Droit commercial, T. I, 3º édition,
nº 285 *bis*.

(2) Gazette Palais, mois de décembre 1898, page 622.

1ᵉʳ mars 1898 et nous ne doutons pas qu'elle soit réformée en appel.

D'autres contestations ont été déjà soulevées au sujet de la validité de constitutions en gage de fonds de commerce.

On a soutenu, devant le Tribunal civil de Rouen, qu'un nantissement de fonds de commerce était nul : 1° Parce que contrairement aux dispositions des articles 2075 et 2076 code civ. et 92 c. com., le gage n'avait pas été mis en possession du créancier ou d'un tiers convenu ; 2° Parce qu'aucun état détaillé des marchandises n'avait été annexé à l'acte de nantissement, contrairement au vœu de l'article 2074 code civ.

Le Tribunal, dans son jugement du 25 juillet 1899 (1), a repoussé cette théorie en invoquant les termes de la loi et les travaux préparatoires.

En ce qui concerne le fonds, la solution ne devait pas faire de doute pour les raisons que nous avons indiquées plus haut ; ces raisons auraient pu ne pas s'appliquer aux marchandises ; mais le rapport de M. Thézard contient sur ce point encore des éclaircissements qui ne laissent aucun doute sur l'esprit de la loi... « Les objets particuliers qui « y sont compris (dans le fonds de commerce), ne sont que « des accessoires ou des instruments qui doivent suivre le « même sort.

« Il est bien évident que les meubles corporels, outil-« lage, ou marchandises, ne pourront pas être remis maté-« riellement au créancier gagiste : ce serait incompatible « avec l'idée du simple nantissement, la difficulté quant à « ces meubles se résoud précisément par la conception de « l'universalité juridique, les meubles corporels y sont « légalement entraînés et absorbés.

(1) Gaz. Pal., mois d'octobre 1899, page 382-

« Il en sera de même du droit au bail. »

Dans ce jugement le Tribunal civil de Rouen nous semble donc avoir fait une juste interprétation de la loi. Il nous **faut cependant** signaler une théorie intéressante qui a été soutenue devant le **Tribunal de commerce du Havre** et qui a été adoptée par lui dans un jugement du 30 mai 1899 (1).

D'après cette théorie, il y aurait deux parties bien distinctes dans le fonds de commerce : le fonds proprement dit et les marchandises. Le fonds proprement dit, comprendrait nécessairement : la clientèle, l'achalandage, toutes les charges et *a priori* tous les avantages incorporels tels qu'ils existent et qui sont attachés à l'exercice du commerce, et comme accessoires : les aménagements et le matériel nécessaires à l'exploitation, valeurs parfois très importantes et que la loi permet désormais de ne plus laisser immobilisées. — Les marchandises, quoique assurément indispensables pour l'exercice du commerce, ne feraient pas partie du fonds que l'on peut donner en nantissement selon les règles de la nouvelle loi.

« Attendu (dit le jugement), qu'à moins de méconnaître
« tous les principes qui doivent caractériser le gage, on ne
« saurait admettre qu'il soit licite aux parties de les (les
« marchandises) constituer en nantissement par une simple
« convention, stipulant qu'elles seront comprises dans le
« fonds de commerce. Que la loi du 1er mars 1898, a voulu
« que le commerçant pût continuer à exercer sa profession
« et qu'il n'est pas possible d'arriver à un tel résultat sans
« laisser à ce commerçant la faculté de vendre librement ;
« qu'ainsi donc, si par hypothèse les marchandises se trou-
« vent englobées dans le fonds donné en nantissement, le
« créancier, bien loin d'être nanti à leur égard, aurait pour

(1) Gaz. Palais, mois d'octobre 1899, page 360.

« gage des objets aliénables sans contrôle à la seule volonté
« du débiteur et qui se transformeraient en actif au profit
« de la masse, dès le moment où ils seraient convertis en
« espèces ou valeurs : qu'autrement dit, le gage n'existe-
« rait pas. »

A ces raisons d'ordre juridique, **le Tribunal** en ajoute
d'autres d'ordre **économique** et qu'il nous faut rapporter
textuellement.

« **Attendu**..... que les marchandises sont le plus souvent
« vendues à terme, surtout à ceux qui ont le plus de pro-
« pension à emprunter sur le fonds de commerce, et que la
« confiance du vendeur repose non seulement sur la bonne
« gestion et la moralité de l'acheteur, mais encore sur la
« certitude que les marchandises se retrouvent soit en
« nature, *soit en contre valeur dans l'actif*, gage commun
« des créanciers.

« Attendu qu'il est donc indiscutable que le vendeur
« sachant que ce qu'il livrerait au commerçant qui a donné
« son fonds en gage serait le privilège du créancier nanti,
« ne consentirait plus le moindre découvert et que même
« si le fonds était libre, il hésiterait encore à vendre à cré-
« dit, dans la crainte qu'un nantissement postérieur ne
« vînt absorber tout l'actif : que sans nul doute le commer-
« çant peut actuellement faire disparaître de son actif des
« marchandises achetées à crédit et les constituer en gage
« dans la forme générale : qu'il peut également les War-
« ranter et qu'ainsi le créancier court certains dangers ;
« mais que les très grandes facilités accordées et la sim-
« plicité même de ladation en nantissement augmenteraient
« ces dangers dans une telle proportion que personne
« n'oserait plus s'y exposer.

« Attendu qu'ainsi donc...... le nantissement entraîne-
« rait la suppression de tout crédit dès lors que les mar-

« chandises ne resteraient plus comme actif commun à
« l'égard des tiers »... etc.

Pour toutes ces raisons, le Tribunal considère qu'il serait
contraire à l'esprit de la loi de comprendre les marchandises dans le nantissement du fonds de commerce et qu'elles restent le gage commun de la masse.

Cette décision est intéressante en raison de l'esprit
d'indépendance qui l'a dictée, mais nous ne croyons par que
la doctrine à laquelle elle aboutit ait chance d'être admise
en jurisprudence. Les motifs que nous venons de repro-
duire constituent en effet une très remarquable critique
de la loi ; malheureusement ils ne l'interprètent pas conformément à son esprit.

Nous rechercherons dans un 3e et dernier chapitre s'il
n'y a pas lieu de regretter que la loi n'ait pas déterminé
la consistance du fonds de commerce et s'il n'y aurait pas
eu avantage à en détacher les marchandises ; mais il est
certain que dans l'état actuel de la législation elles doivent
être considérées comme l'accessoire du fonds de commerce.

Quelque illogiques et désastreuses qu'en soient les conséquences, il faut reconnaître que le droit de gage du créancier nanti d'un fonds de commerce s'étend sur les marchandises qui en dépendent : cela résulte indubitablement
des travaux préparatoires de la loi et en particulier des derniers paragraphes du rapport de M. Thézard au Sénat (1).

Nous pensons donc, que dans tous les cas, l'inscription
sur le registre du greffe suffira pour remplacer la mise en

____

(1) « Il y a donc là (dans le fonds de commerce) un ensemble *indivisible*
« lequel a la nature incorporelle bien que pouvant contenir *des objets cor-*
« *porels*: telle l'hérédité pour les jurisconsultes Romains..... Il est bien
« évident que les meubles corporels *outillages ou marchandises*, ne pour-
« raient pas être remis matériellement au créancier gagiste. »

possession et la signification ; elle sera du reste valable pendant un temps indéterminé car son renouvellement n'est prescrit dans aucun cas ; sera-t-elle suffisante pour rendre le contrat de gage du fonds de commerce, parfaitement opposable au tiers ?

Nous ne le pensons pas, la mise en possession et la signification ne sont pas les seules formalités prescrites dans l'intérêt des tiers ; l'article 2075 comporte encore des règles relatives à la forme du Contrat.

Quelles sont ces règles ?

Quelle forme ce contrat devra-t-il revêtir ?

En présence du silence de la loi nouvelle sur ce point, il faut se reporter aux règles générales du contrat de gage ; d'après certains auteurs et certains arrêts, il faut faire une distinction suivant qu'il s'agit d'un nantissement garantissant une dette civile ou d'un nantissement garantissant une dette commerciale.

Il résulte en effet des travaux préparatoires que le législateur n'a pas eu en vue de refaire entièrement les règles du gage en ce qui concerne le fonds de commerce, mais seulement de donner au commerce des garanties de sécurité, grâce à une publicité mieux en rapport avec la nature du fonds de commerce, que ne l'étaient la mise en possession symbolique et la signification de l'acte de nantissement au propriétaire des lieux où le fonds était exploité.

La loi d'ailleurs ne modifie pas l'article 2075, elle le complète seulement, c'est donc dire que les dispositions qui ne sont pas en contradiction avec le nouveau paragraphe devront subsister.

D'autre part le législateur a admis sans discussion que le fonds de commerce devait toujours être considéré comme un meuble incorporel et les termes du rapport de M. Thézard, cités plus haut, prouvent bien que l'inscription a pour but de remplacer seulement la mise en possession et la si-gnification.

Il semble par conséquent que le nantissement civil d'un fonds de commerce devra sans nul doute satisfaire aux rè-gles posées dans la première partie de l'article 2075 du code civil pour être opposable aux tiers.

Soutenir le contraire serait aller à l'encontre du but de la loi car cela conduirait à diminuer la sécurité des tiers alors que la loi tend à la développer.

La rédaction d'un acte public ou d'un acte sous-seing privé enregistré est donc nécessaire pour la validité, à l'égard des tiers, d'un contrat de gage civil constitué sur un fonds de commerce.

En est-il de même du gage commercial, c'est-à-dire du gage constitué sur son fonds par un commerçant, pour un acte de commerce?

L'art. 91 du Code de commerce dispose que ce contrat se constate à l'égard des tiers comme à l'égard des parties contractantes, conformément aux dispositions de l'article 109 du Code de commerce, c'est-à-dire qu'il se constate, par acte public, par actes sous signatures privées (même non enregistrés), par la correspondance, par les livres des parties, par la preuve testimoniale même, dans le cas où le Tribunal croira devoir l'admettre.

En théorie, il semble que la loi nouvelle n'apporte aucune modification à ces règles. En sera-t-il de même en pratique? Il y a lieu d'en douter.

La réponse à cette question dépend de la règle que l'on adoptera pour la rédaction de l'inscription;

La loi n'a pas déterminé les énonciations que devra contenir cette inscription, mais pour qu'elle soit utile il sera nécessaire qu'elle soit calquée sur le modèle de l'ins-cription d'hypothèque; il y aura donc lieu d'énoncer la date et la nature du titre en vertu duquel elle sera prise, et s'il en est ainsi, il sera nécessaire que, même en cas de gage commercial, ce titre soit un acte enregistré, car la loi du 22 frimaire au 7, dans son article 23, relatif aux actes pour l'enregistrement desquels il n'existe point de délai de rigueur, dispose qu' « il ne pourra en être fait aucun « usage, soit *par acte public*, soit en justice, ou devant « toute autre autorité constituée, qu'ils n'aient été préala- « blement enregistrés. »

La pratique suivra donc très probablement l'opinion des auteurs qui, avec MM. Lyon-Caen et Renault (1) soutiennent que la constitution en gage d'un fonds de commerce ne peut être faite que par acte authentique ou sous-seing privé enregistré même lorsqu'elle garantit une dette com- merciale.

Nous avons dit que l'inscription devra être faite au greffe du Tribunal de Commerce du lieu où le fonds est exploité.

Il n'est pas à notre connaissance qu'aucune difficulté d'interprétation de cette partie de la loi se soit déjà pré- sentée devant les tribunaux ;

Il est cependant à craindre qu'il ne s'en présente un jour ou l'autre.

La première rédaction présentée par M. Millerand por- tait que l'inscription serait prise au « Tribunal de Com- merce du domicile du cédé » ; sans que l'on sache pourquoi, la rédaction présentée à la Chambre et votée par elle tout d'abord porte : « au greffe du Tribunal de Commerce dans le ressort duquel est sis le fonds ». Enfin pour :

« Mettre les termes de la disposition nouvelle en har- « monie plus complète avec le langage du Code civil, » nous dit M. Thézard, la commission du Sénat et à sa suite

____

(1) Lyon-Caen et Renault. Traité de droit commercial, t. III, 3ᵉ édit., n° 285.

le Sénat et la Chambre, ont adopté la rédaction actuelle qui porte : « Au greffe du Tribunal de Commerce dans le « ressort duquel le fonds est exploité. »

Supposons qu'un restaurateur, établi à Paris donne son fonds de commerce en gage. Le créancier gagiste fera inscrire son privilège au greffe du Tribunal de commerce de la Seine ; il n'y aura pas de difficultés à craindre car le fonds est d'une nature telle qu'il s'exploite uniquement dans le département de la Seine, l'inscription est suffisante.

Mais que faudra-t-il décider, si le fonds donné en gage est un fonds de commerce en gros, par exemple, une distillerie d'alcool, ou un fonds de commerce de fleurs et plumes pour modes ou encore un théâtre forain ?

Le distillateur ne vend pas dans le département de la Seine seulement, il expédie ses produits par toute la France, il peut avoir deux ou plusieurs usines, par exemple : une usine ou il distille, l'autre ou il raffine l'alcool ; les usines peuvent être situées l'une dans le département du Pas-de-Calais, l'autre dans le département de la Seine ; son fonds de commerce n'est-il pas exploité dans de nombreux arrondissements ?

N'en est-il pas de même du fonds du marchand de fleurs, qui voit ses clients venir à Paris trois ou quatre fois par an et passe le reste de l'année à voyager de ville en ville avec une lourde cargaison de marchandises, pour les offrir sur place ?

Que dire du fonds de commerce d'un déballeur, qui se transporte de ville en ville, et des cirques et théâtres forains ? Ces fonds de commerce ne sont-ils pas exploités dans de nombreux arrondissements ?

Où l'inscription devra-t-elle être prise ? Dans tous les arrondissements ou le fonds est exploité ? ou dans l'un d'eux seulement ? Dans lequel alors ? Cette difficulté n'a pas été prévue par le législateur.

Nous pensons qu'il ne faut pas ici attacher une trop grande importance aux termes de la loi ni chercher à l'appliquer à la lettre.

Le Sénat a considéré que la modification apportée au texte voté par la Chambre était de pure forme et ne portait pas atteinte au fond de la disposition législative, les deux textes doivent donc être interprétés l'un par l'autre.

Lorsque le fonds de commerce sera exploité dans le ressort de plusieurs Tribunaux de commerce, l'inscription devra être prise au greffe du Tribunal dans le ressort duquel est sis le fonds, c'est-à-dire l'établissement principal du commerçant ; elle sera suffisante car la loi n'en exige *qu'une*.

Lorsque le fonds de commerce sera un fonds ambulant, ou lorsqu'il sera transporté du ressort d'un tribunal dans celui d'un autre, l'inscription prise au greffe d'un Tribunal sera valable et suffisante si au moment où elle aura été prise, le fonds était exploité dans le ressort de ce Tribunal.

Le créancier prudent renouvellera cependant son inscription dans le cas où le changement de lieu de l'exploitation aura pour effet de rendre insuffisante la détermination du fonds donné en gage.

La loi prescrit en effet l'inscription dans le lieu où le fonds *est* exploité ; elle emploie le présent, ce serait ajouter à son texte d'exiger que l'inscription soit prise partout où le fonds *sera* exploité.

Il en résultera des dangers pour les tiers qui ignoreraient que le fonds a été transféré d'un lieu dans un autre ; mais ces dangers ne seront pas graves ni fréquents car il est assez rare qu'un fonds de commerce soit transporté d'un lieu dans un autre, surtout sans que l'on sache où il était précédemment exploité.

Toutefois cela mettra sans doute les commerçants ambulants dans l'impossibilité de donner leur fonds en gage.

Mais ce sont là des raisons à faire valoir pour demander une modification de la loi, non pour en modifier l'interprétation.

Nous venons de voir ce que prescrit la loi du 1er mars 1898, nous avons encore à nous demander quel est exactement le champ de son application.

Les termes de la loi ne semblent pas ambigus. C'est au fonds de commerce, dans son ensemble, en tant qu'universalité, et à lui seul, que la loi nouvelle doit s'appliquer, cela résulte sans contestation possible des termes du rapport de M. Thézard.

La loi n'a malheureusement pas fixé la composition du onds de commerce il est donc difficile de déterminer d'une façon précise si tous les éléments, que nous avons signalés au début de ce travail comme faisant, ou pouvant faire, partie d'un fonds de commerce, seront compris dans la dation en gage de ce fonds de commerce ;

M. Millerand, dans son rapport, n'a pas indiqué la composition du fonds de commerce ; M. Thézard au contraire y a pensé, il s'est reporté à la définition donnée dans le répertoire encyclopédique de droit français de M. Labori au mot : « fonds de commerce » article de M. Georges Maillard et il a adopté cette définition (1).

Il a toutefois admis en outre que les marchandises fai-

(1) Le fonds de commerce est l'ensemble des éléments qui constituent à l'égard du public la personnalité d'un établissement commercial ou industriel *et servent à son exploitation*. La réalité, l'essence du fonds de « commerce c'est l'achalandage avec le plus souvent la désignation sous laquelle « l'établissement est connu, *les marques qui caractérisent* ses produits ; « d'une façon générale, *tout ce qui le distingue pour la clientèle et la rattache* à lui. Le matériel de l'exploitation est d'ordinaire compris dans le fonds.... les marchandises.... font ainsi en principe corps avec le fonds mais elles ne sauraient être confondues avec lui ».

saient indubitablement partie du fonds, ainsi que le droit au bail.

Aucune discussion n'ayant eu lieu au sénat ni à la Chambre, nous pensons que le législateur à tacitement admis la théorie de M. Thézard.

Lorsqu'un fonds est donné en gage, il y a donc lieu de décider que le droit du créancier s'étend sur les éléments qui, d'après M. Thézard composent le fonds de commerce. Il s'étend ainsi sur l'achalandage et le titre, sur les marchandises, sur le matériel et sur le droit au bail. Il s'étend sur les marques de fabrique, qui caractérisent les produits du commerçant, sur les brevets, qui distinguent le fonds aux yeux de la clientèle et la rattachent à lui.

S'étend-il sur les créances actives ? Il n'en est pas question dans la définition adoptée par M. Thézard. On ne peut pas par conséquent soutenir que le législateur a su qu'elles seraient soumises au privilège du créancier gagiste. Comme, en matière de privilèges, la loi doit être interprétée restrictivement ; comme d'autre part, il ne faut pas perdre de vue l'intérêt très-légitime de la masse des créanciers non privilégiés, nous pensons que l'on décidera, et à bon droit, que le privilège du créancier nanti d'un fonds de commerce ne peut pas s'étendre sur les créances qui dépendent de ce fonds.

Est-ce à dire que ces créances ne pourront pas être données en gage ? non certes. Elles ne seront pas comprises dans le gage portant sur le fonds de commerce ; mais rien n'empêchera le commerçant de les donner en gage individuellement.

La loi du 1 mars 1898 ne s'appliquera d'ailleurs pas à la constitution en gage de ces droits non plus qu'à la constitution en gage de tout autre élément détaché du fonds de commerce. Pour ces choses, l'ancienne législation reste en vigueur, sans modification aucune, car la loi de 1 mars 1898 ne vise que la constitution en gage du fonds de commerce dans son ensemble en tant qu'universalité.

Il est encore une question intéressante qui rentre dans l'étude de la loi du 1 mars 1898, mais que nous ne pouvons qu'effleurer car elle sort un peu des limites de notre sujet. C'est la question de savoir quels sont sous l'empire de la nouvelle loi, les droits du créancier gagiste vis-à-vis des tiers et vis-à-vis de son débiteur.

Le code civil accorde au créancier gagiste : 1° le droit de retenir la chose jusqu'à parfait paiement, 2° le droit de la faire vendre ou de se la faire attribuer à titre de dation en paiement, au cas où il n'est pas remboursé à l'échéance et de se faire payer sur le prix par privilège et par préférence aux autres créanciers, 3° le droit de conserver le gage tout entier, même lorsque la dette garantie s'est divisée entre les héritiers du débiteur et lorsque certains de ces héritiers en ont payé leur part.

Ces dispositions sont-elles encore applicables au gage constitué sur un fonds de commerce ?

Pour résoudre cette question il faut ne pas perdre de vue les paroles de M. Millerand : la loi nouvelle n'a pas eu pour but de résoudre le délicat problème du contrat de gage, ni les modifications générales que l'on pourrait proposer à la contitution du nantissement des choses mobilières.

Le législateur a donc eu l'intention de laisser subsister les anciennes règles du contrat de gage ; on devra donc les appliquer dans la mesure du possible, c'est-à-dire toutes les fois qu'elles ne seront pas en contradiction avec la loi nouvelle.

Dans le cas qui nous occupe actuellement il est certain que les dispositions de la loi nouvelle ne rendent pas impossible l'exercice du droit que le Code reconnaissait au créancier de faire vendre la chose donnée en gage ou de se la faire attribuer pour un prix déterminé par experts. Le créancier conservera donc ce droit pensons-nous, et il l'exercera dans les conditions prescrites par l'article 2078 du Code civil, s'il s'agit d'un gage civil et par l'article 93 du Code de commerce, s'il s'agit d'un gage commercial.

Les dispositions de la loi nouvelle ne rendent pas non plus impossible l'exercice du privilège du gagiste.

En principe donc, vis à vis des tiers et notamment du propriétaire des lieux où le fonds est exploité, il l'exercera toujours dans les mêmes conditions qu'avant la loi du 1er mars 1898. Si le fonds a été établi dans les lieux loués avant d'être constitué en gage, il n'y aura pas de difficultés, le bailleur sera préféré au gagiste, la généralité des auteurs admet en effet que dans ce cas le droit des deux créanciers est fondé sur l'idée de gage et il est de principe que la préférence doit alors être accordée au premier nanti.

Mais si la constitution de gage a eu lieu avant l'établissement du fonds dans les lieux où il s'exploite au moment de la vente, par exemple si le commerçant, postérieurement à la constitution en gage de son fonds, l'a transporté d'un immeuble appartenant à Primus dans celui de Secundus, les principes conduiront à décider que le créancier gagiste devra être préféré au bailleur Secundus. C'est là sans aucun doute une conséquence imprévue de la nouvelle loi.

Cette solution nous paraît la plus juridique ; si elle est admise par la jurisprudence, elle sera désastreuse pour le propriétaire, celui-ci n'aura cependant pas le droit de se plaindre car il peut, avant de louer à un commerçant se renseigner au greffe du Tribunal de commerce et s'assurer qu'il n'existe pas déjà de privilège sur le fonds de commerce ; mais elle sera encore plus désastreuse pour le commerçant, car elle conduira les propriétaires à refuser de louer aux commerçants dont le fonds sera donné en gage ou tout au moins à leur faire des conditions beaucoup plus dures que par le passé.

Il est donc probable, que de grands efforts seront faits pour faire écarter cette solution par la jurisprudence.

Dans la pratique, les propriétaires prudents consulteront, avant de louer, le registre du greffe, et, lorsque le fonds sera grevé d'un droit de gage, ils exigeront l'intervention du créancier gagiste et sa renonciation à se prévaloir de son privilège, à l'encontre de leurs droits ; si le fonds n'est pas encore grevé, ils se le feront eux-mêmes donner en gage pour éviter le danger qui résulterait pour eux d'une constitution de gage en faveur d'un créancier et d'une inscription prise entre l'époque de la signature du bail et celle de l'entrée en jouissance des lieux loués. Toutefois, il restera peut-être une suprême ressource aux propriétaires imprévoyants qui n'auront pas pris cette précaution, nous ne considérons pas cette ressource comme excellente en droit, mais on pourra tenter de faire décider que le propriétaire ayant fourni un local au commerçant dont le fonds sera donné en gage, a droit au privilège accordé à celui qui a fait des frais pour la conservation de la chose.

En effet, ce privilège appartient à tous ceux qui ont fait des frais sans lesquels la chose aurait péri en tout ou en partie et cela sans distinguer si la chose est corporelle ou incorporelle.

Or, ne peut-on pas dire que le fonds aurait été au moins considérablement déprécié s'il ne se fût pas rencontré un bailleur pour mettre le titulaire à même de l'exercer et de le faire valoir.

On pourra aussi tirer argument de ce passage du rapport

de M. Thézard où il est dit que : « Notifier le nantissement
« au propriétaire, c'est avertir une personne qui n'a *nul*
« *intérêt dans* l'affaire, ses droits étant toujours sauvegar-
« dés », et dire que le législateur a entendu conserver dans
tous les cas au propriétaire, l'intégralité des avantages que
lui assure son privilège, aux termes de l'art. 2102 (1º) du
Code civil.

Mais nous pensons cependant que cette théorie ne saurait triompher à raison de cette considération décisive qu'elle
apporterait à la théorie du gage une modification profonde,
alors que le législateur a déclaré la vouloir conserver dans
son entier.

Nous avons dit plus haut que le créancier avait en outre le
droit de rétention indivisible à l'égard du débiteur comme
à l'égard des héritiers du débiteur.

Ce droit de rétention ne peut plus exister puisque le
fonds de commerce n'est plus d'aucune façon mis en la
possession du créancier. Celui-ci a donc perdu un des
moyens qu'il avait de contraindre son débiteur à le payer.
Mais il semble bien que la loi de 1898 contient implicite-
ment un nouveau moyen de contrainte pour le créancier :
le droit de suite, également indivisible.

La loi du 1ᵉʳ mars 1898 n'a pas eu pour but, en effet, de
diminuer les garanties du créancier gagiste, mais seulement
d'en accorder de nouvelles aux tiers qui traitent avec le
commerçant postérieurement à la mise en gage de son
fonds de commerce.

De ce que la loi exige une inscription pour que le gage
soit opposable aux tiers, il résulte, qu'une fois l'inscription
prise, il doit être opposable à toutes les personnes qui traitent avec le commerçant. Parmi ces personnes se trouve
l'acquéreur du fonds de commerce, comme tous les autres
tiers, celui-ci peut en effet prendre connaissance au greffe

de l'inscription et la loi ne fait pas d'exception en sa
faveur.

La constitution de gage lui est donc opposable comme à
toute autre personne, et cela revient à dire que le créancier
gagiste est armé du droit de suite en échange du droit de
rétention qu'il possédait autrefois.

Il en résulte, que le créancier pourra poursuivre la vente
du fonds de commerce en quelques mains qu'il se trouve
s'il n'est pas remboursé de sa créance à l'échéance.

Les conséquences pratiques de ce droit du créancier
sont très importantes; notamment il rend indispensable
dans un contrat de vente de fonds de commerce l'établissement de l'origine de la propriété.

A l'occasion de ce droit se posent d'ailleurs de nombreuses
questions auxquelles la loi du 1er mars 1898 ne permet pas
de répondre d'une façon catégorique.

Le créancier hypothécaire armé du droit de suite peut
exproprier l'immeuble sur la tête du détenteur.

D'autre part, le tiers détenteur peut opposer au créancier
hypothécaire le bénéfice de discussion ; il peut également
soit conserver son immeuble à condition de payer les dettes
qu'il garantit, soit délaisser l'immeuble pour que le créancier le fasse vendre et se paie sur le prix. Il a enfin un
moyen de s'assurer la propriété définitive de l'immeuble,
c'est la purge des hypothèques.

Le tiers détenteur du fonds de commerce est, nous l'avons
vu, lui aussi exposé à l'expropriation par le créancier
gagiste.

Mais aura-t-il les mêmes droits que le tiers détenteur
d'un immeuble hypothéqué ? Il semble difficile de l'admettre, car les règles qui gouvernent les créances hypothécaires,
ne peuvent raisonnablement pas être étendues aux créances
commerciales ; les besoins du commerce exigent, en effet,

une célérité dans les voies d'exécution qui est incompatible avec l'exercice du bénéfice de discussion ou de la purge. D'ailleurs le bénéfice de discussion ne peut être opposé à un créancier privilégié et il paraît impossible d'appliquer les règles et les délais de la purge des hypothèques à une purge des inscriptions qui pourront porter sur un fonds de commerce.

D'autre part aucun texte ne correspond à l'article 2169 du code civil et n'oblige le créancier gagiste à faire précéder la vente d'une sommation de payer ou de délaisser et l'article 93 du code de commerce pour le cas tout au moins où il s'agit d'un gage commercial, l'autorise lorsque le paiement n'aura pas été effectué à l'échéance à faire vendre le gage, huit jours après une signification faite au débiteur et au tiers bailleur de gage, s'il en existe un. Ce serait ajouter à la loi que d'exiger pareille signification au tiers détenteur. Ce serait tomber dans l'arbitraire que d'imposer au créancier l'obligation d'observer, pour la réalisation de son gage, d'autres règles que celles des articles 93 du Code de commerce et 2078 du code civil.

Le tiers acquéreur sera-t-il donc à la merci du créancier gagiste ? Pas absolument. Prévenu par l'inscription de l'existence du gage, il lui sera possible d'exiger l'intervention du gagiste au contrat de vente et de régler à l'amiable avec lui les conditions de remboursement de la dette du vendeur. D'ailleurs il lui restera toujours la faculté d'empêcher la vente en faisant au créancier gagiste offres réelles du principal et des accessoires de sa créance ; dans un cas semblable il est à peu près certain que le Président du Tribunal statuant en référé ordonnerait la discontinuation des poursuites de vente.

Quoiqu'il en soit les difficultés auxquelles sera exposé l'acquéreur d'un fonds de commerce devront le rendre très circonspect et nécessiterait l'intervention d'hommes très compétents pour la rédaction des actes de cession des fonds de commerce.

Nous avons essayé de passer en revue les principales difficultés d'interprétation qui pourront s'élever sur la loi du 1 mars 1898. Elles sont, comme on a pu s'en rendre compte très-importantes et elles motiveront dans la troisième partie de ce travail de nombreuses critiques.

CHAPITRE TROISIÈME

DES RÉFORMES A APPORTER A LA LÉGISLATION ACTUELLE

Le législateur est parti de ce principe : « que le débiteur
« peut affecter, dans l'intérêt de son crédit, les divers
« éléments de sa fortune mobilière, aussi bien incorporels
« que corporels, à la garantie de ses obligations. »

Il lui a paru impossible, « sous le régime économique
« actuel de refuser à un débiteur dont le fonds de com-
« merce constitue une part importante des biens, le droit
« d'en disposer comme de tous les éléments de sa fortune,
« au mieux de ses intérêts. » (Rapport de M. Millerand).

Il a cru « utile qu'un commerçant, en une heure de crise,
« pût trouver un moyen de crédit, un moyen de salut peut-
« être, dans l'engagement de son fonds de commerce ».
(Rapport de M. Thézard).

C'est pour arriver à ce résultat qu'il a voulu constituer
une substance et une individualité juridique au fonds de
commerce et édicter pour sa constitution à titre de gage
des règles appropriées à sa nature et aux nécessités du crédit.

Le législateur, s'est donc proposé deux choses.

1° *Sauvegarder les intérêts des tiers, leur donner les garanties de sécurité* qu'à bon droit ils réclamaient.

2° Rendre possible, dans tous les cas, la constitution en gage du fonds de commerce et donner ainsi au commerçant un nouveau moyen de crédit.

Nous devons nous demander ce|qu'il faut penser de ces objectifs, s'ils ont été atteints, et dans la négative, quel est le meilleur moyen de les atteindre.

Il paraît certain que l'extension du crédit est de plus en plus désirable; le crédit, sous toutes ses formes, « préside « en effet au mariage des capitaux avec les aptitudes pro- « fessionnelles des metteurs en œuvre, tout ce qui améliore « le crédit et facilite la transmission des capitaux, amène « un nouveau développement économique et un bienfait « social (1) ».

Nous avons un crédit organisé sur le capital immobilier, mais nous n'en avons pour ainsi dire pas sur le capital mobilier : Cependant ce capital est important et presque toutes les entreprises auraient besoin de l'utiliser comme mode de crédit.

Si, avant la loi du 1er mars 1898, le commerçant était en droit de donner en gage tous les éléments de son fonds de commerce, individuellement pris, soit comme meubles cor- porels, soit comme meubles incorporels, le fonds de commerce lui-même, dans son ensemble, ne pouvait être constitué en gage qu'à la condition de respecter pour cha- cun de ses éléments les règles correspondant à leur nature.

La jurisprudence des Tribunaux de Commerce, celle aussi des Cours d'Appel dans son dernier état (Arrêt de la Cour de Paris du 2 novembre 1898), tendaient à rendre

______

(1) Adolphe Coste. De l'hypothèque mobilière et du crédit mobilier.

impossible en fait la constitution en gage du fonds de commerce en tant qu'universalité.

Il ne semble donc pas que les commerçants aient été très-vivement frappés de la nécessité de trouver dans le nantissement du fonds de commerce un nouveau moyen de crédit, duquel on s'était bien passé jusqu'en 1885.

Toutefois il serait, croyons-nous, exagéré de conclure de là que la règlementation du nantissement du fonds de commerce ne pourrait pas produire de bons effets dans la pratique, que ce moyen de crédit était absolument surperflu et que son emploi serait même à coup sûr nuisible au commerçant.

Nous pensons en effet que l'hostilité des Tribunaux de Commerce était motivée, non par l'inutilité absolue du nantissement du fonds de commerce, mais bien plutôt par le danger que ce contrat, tel qu'il était compris par la jurisprudence, faisait courir au constituant et surtout au tiers.

Le principe d'où le législateur est parti ne nous semble donc pas critiquable ; nous pensons, avec les honorables rapporteurs de la loi du 1er mars 1898, qu'il est utile pour toute personne de pouvoir disposer des éléments de sa fortune, y compris le fonds de commerce, au mieux de ses intérêts et notamment comme moyen de crédit.

Mais cette liberté ne peut être accordée sans être réglementée, afin que son exercice ne puisse léser les légitimes intérêts des tiers.

Il était donc nécessaire que le législateur recherchât le moyen le meilleur pour défendre ces intérêts.

Il a cru le trouver dans la publicité résultant de l'inscription à prendre au greffe du Tribunal de Commerce ; et M. Thézard, dans son rapport considère ce moyen comme étant certainement des mieux appropriés à l'objet poursuivi.

Avec MM. Lyon-Caen et Renault nous dirons que le principe de l'inscription posé par la loi semble bon.

D'autres modes de publicité ont été proposés ; MM. J. B. Magnier et Octave Pruvost (1) ont préconisé la publication du nantissement du fonds de commerce par extrait dans un des journaux judiciaires de l'arrondissement.

« Une telle mesure, disent-ils, suffirait largement pour
« avertir les commerçants intéressés, qui ne peuvent aller
« consulter un registre au greffe chaque fois qu'il s'agit
« pour eux d'ouvrir un crédit aux autres commerçants et
« qui, au contraire, ont l'habitude de se tenir chaque jour
« au courant des annonces commerciales. »

A cela M. Millerand avait répondu par avance dans son rapport à la chambre des députés : « En préférant la publi-
« cité d'un registre de greffe, à celle des journaux judi-
« ciaires, nous croyons servir à la fois l'intérêt du débi-
« teur, légitimement fondé à réclamer que cette publicité
« nécesaire soit aussi discrète que possible, et celui des
« tiers qui sauront, le cas échéant, où trouver aisément et
« vite le renseignement utile ».

Cette réponse nous paraît excellente en principe ; nous rechercherons plus loin s'il en est de même dans la pratique.

On a dit encore, que le nombre des registres tenus dans les greffes des Tribunaux de Commerce, pour toutes sortes de raisons, n'était déjà que trop grand ; cette objection ne paraît pas très sérieuse, c'est une raison au contraire pour y faire les inscriptions de gage, car les commerçants ne peuvent qu'avoir avantage à trouver groupés au greffe du Tribunal de Commerce tous les renseignements dont ils **ont besoin.**

---

(1) **Du** nantissement constitué sur les fonds commerce n° 38.

On ne voit d'ailleurs pas où pourrait être tenu le registre, à moins de prononcer franchement le mot d'hypothèque du fonds de commerce et de faire inscrire cette hypothèque, au bureau des hypothèques.

En résumé, il nous semble donc qu'il y a intérêt pour le commerçant à pouvoir donner son fonds de commerce en gage et que l'inscription du contrat au greffe du Tribunal de Commerce est un bon mode de publicité.

Cependant il nous semble que le double but que se proposait le législateur n'a pas été atteint.

En déterminant la publicité spéciale du nantissement du fonds de commerce, il a pensé qu'elle suffirait, pour renseigner les tiers aisément et vite, il a voulu donner au commerce les garanties de sécurité qu'il réclamait, mais il n'y est parvenu qu'à demi.

Les tiers ne peuvent pas en effet se renseigner aisément ni vite et les difficultés qu'ils rencontrent sont nombreuses.

La loi s'est en effet bornée à prescrire la tenue d'un registre public au greffe de chaque Tribunal de Commerce, et l'inscription sur ce registre de tout nantissement d'un fonds de commerce exploité dans le ressort du Tribunal.

Elle ne détermine en aucune façon les énonciations qui devront être contenues dans l'inscription.

Elle ne précise pas les obligations du greffier conservateur du registre.

Le soin de trancher ces questions ainsi que d'autres, telles que celles relatives aux règles à suivre pour prendre l'inscription, à la péremption, à la radiation des inscriptions, est laissé aux greffiers.

Il est probable que les solutions adoptées par les greffes seront très-différentes les unes des autres, et qu'elles laisseront fort à désirer.

Dès à présent, il est permis de dire que celles du greffe

du Tribunal de Commerce de la Seine sont très-peu satis-
faisantes.

Nous empruntons à un travail fait pour la Chambre des
Notaires de la Seine, par M. Lanquest, notaire à Paris,
les renseignements suivants :

« Le nantissement est inscrit sur un registre spécial
« tenu au greffe, au moyen d'une déclaration faite par l'une
« des parties ou son fondé de pouvoir. Notons en passant
« que la formule usitée : Tous pouvoirs sont donnés au
« porteur d'une expédition ou d'un extrait, » est suffisante.......

L'inscription est faite dans les termes suivants :

« N°....... du....... 19...

« A comparu au greffe de ce Tribunal et devant nous
« greffier soussigné le sieur.......... demeurant à.........

« Lequel, ayant pouvoir (ou qualité) à cet effet, nous a
« déclaré que par acte passé.......... en date du.......
« enregistré à.........., aux droits de........., et qui nous a
« été représenté, le sieur......... demeurant à........., a
« donné en nantissement le fonds de commerce de..........
« qui lui appartient et qu'il exploite à.......; et qu'il faisait
« ladite déclaration conformément à l'article 2075 du Code
« civil modifié par la loi du 1er mars 1898.

« Nous avons donné au comparant acte de sa déclaration
« et avons dressé le présent procès-verbal qu'il a signé
« avec nous, greffier, après lecture ¡».

« Cette déclaration, « faite et signée, une *expédition en*
« *est ultérieurement délivrée et le greffier ne conserve* pas
« dans ses archives copie ou extrait de l'acte constitutif
« du nantissement ; la présentation de l'acte est exigée au
« moment de l'inscription seulement, et l'acte est immé-
« diatement rendu, même s'il est sous signatures privées.
« Ajoutons encore que le greffe de la Seine accepte la

« déclaration sur la présentation de la minute seule, après
« son enregistrement.

« Les inscriptions de nantissement faites au jour le jour,
« sur le premier registre dont il est parlé ci-dessus, sont
« relevées sur un registre séparé qui n'est qu'un répertoire
« alphabétique où est porté le *nom seul du débiteur* ayant
« constitué le gage et le folio du registre des déclarations.

« Toute personne peut consulter ce répertoire alphabé-
« tique et prendre connaissance de la déclaration de nan-
« tissement qui l'intéresse, mais le greffe se borne à fournir
« des renseignements verbaux, il ne délivre aucun certificat
« négatif, n'accepte aucune main-levée de nantissement,
« ne fait aucune mention de main-levée ou autre, en
« marge des déclarations dont le modèle est rapporté plus
« haut. »

A l'heure actuelle le greffe du Tribunal de Commerce de
la Seine ajoute à la formule donnée ci-dessus l'indication du
montant de la somme garantie. Le greffier délivre à tout
requérant des expéditions de toutes les inscriptions grevant
le fonds de commerce d'une personne déterminée. Il accepte
les main-levées et les transports et mentionne en marge les
radiations. Il délivre expédition de toutes ces mentions;
mais il ne délivre toujours pas de certificats négatifs.

Nous voyons à la lecture de la formule d'inscription
adoptée par le Tribunal de Commerce de la Seine, que la
personne qui voulait se renseigner sur la situation d'un
commerçant dont le fonds avait été donné en gage, ne
trouvait pas dans l'inscription l'indication du montant de
la créance garantie, ni celle des intérêts stipulés, ni celle
de l'époque d'exigibilité de la créance.

Le commerçant qui avait donné son fonds en gage pour
garantir le paiement d'une somme relativement faible,
productive de petits intérêts et exigible dans un très-court

délai paraissait donc dans une situation aussi obérée que celui dont la dette était considérable, productive de gros intérêts et à échéance éloignée.

Aujourd'hui, les renseignements fournis par l'inscription sont un peu plus complets; en effet la formule contient l'indication de la somme garantie; mais la date de l'exigibilité et les intérêts stipulés n'y sont pas encore mentionnés. Le défaut que nous venons de signaler est donc atténué sans être complètement corrigé.

Les renseignements insuffisants contenus dans l'inscription étaient en outre fort difficiles à obtenir, la loi n'ayant pas précisé les nouvelles obligations qui incombent aux greffiers des Tribunaux de Commerce.

A Paris, en dehors du registre des inscriptions, le greffier tient un répertoire alphabétique sur lequel sont portés les noms des débiteurs.

Ce répertoire a toujours été à la disposition du public; grâce à lui il a toujours été possible de retrouver l'inscription prise sur le fonds d'une personne déterminée.

Mais cela n'est pas facile néanmoins.

Le répertoire ne contient que les noms de famille; dans certains cas la recherche pourra donc être longue, de plus, au début, les renseignements n'étaient donnés que verbalement; il fallait donc pour se renseigner sur la situation d'un commerçant avoir un correspondant à Paris.

Il faut reconnaître qu'il était relativement assez facile de correspondre avec des officiers ministériels ou mieux, avec des sociétés (il en est de très-sérieuses), auxquelles on a coutume dans le commerce de demander des renseignements confidentiels. Ces correspondants pouvaient ensuite assez bien se documenter au greffe du Tribunal de Commerce et répondre dans un délai relativement bref.

Aujourd'hui, à Paris et dans certains autres greffes, cet

inconvénient est fort atténué, le greffier, sur la réquisition qui lui en est faite, recherche les inscriptions grevant le fonds de commerce d'une personne déterminée et délivre une expédition de chacune d'elles ; mais il ne délivre pas de certificat négatif quand il ne trouve aucune inscription.

Toutefois il n'en est pas ainsi dans tous les greffes, il est des greffiers, principalement celui du Tribunal de Commerce de Bordeaux, qui s'en tiennent aux solutions primitivement adoptées par le greffier du Tribunal de Commerce de la Seine.

Il sera très difficile, sans doute très long, peut-être aussi très couteux, de faire faire les mêmes recherches en province.

Il sera très-souvent difficile de trouver un correspondant actif et consciencieux, qui s'astreindra à faire des recherches, longues, ennuyeuses et pour lesquelles il ne lui sera guère possible de demander une rétribution sérieuse, il sera aussi très difficile pour ce correspondant, au moins dans certaines villes de faire ses recherches.

En effet certains greffiers, n'ont établi aucun répertoire alphabétique ni aucune fiche. Ils mettent seulement à la disposition du public le registre ou sont portées, chronologiquement les inscriptions.

Ils ne délivrent aucun état d'inscriptions.

Il n'est donc pas facile aux commerçants de se renseigner.

Sans attendre une nouvelle loi y a-t-il un moyen de remédier en partie à cette situation défectueuse ?

Il semble que les greffiers pourraient tout d'abord recommander aux parties l'emploi d'une formule d'inscription plus complète. Toutefois ils outrepasseraient certainement leurs droits s'il l'exigeaient.

Mais ils pourraient sans nul doute faciliter les recherches

des intéressés en leur délivrant des certificats, constatant l'état, au point de vue du gage, des fonds de commerce situés dans le ressort de leur Tribunal.

A l'heure actuelle, c'est la crainte des responsabilités qui les empêche de le faire ; il semble cependant qu'ils ont qualité à cet effet ; cela résulte pensons-nous des termes de l'article 853 du Code de Procédure civile.

En s'appuyant sur cet article les intéressés pourraient peut-être faire juger que les greffiers doivent délivrer de véritables états d'inscriptions comme à Paris.

L'art. 853 du code de procédure civile dispose en effet que :

« Les greffiers et dépositaires des registres publics, en
« délivreront sans ordonnance de justice, expédition, co-
« pie ou extrait, *à tous requérants*, à la charge de leurs
« droits, à peine de dépens, dommages et intérêts. »

Mais pour obtenir ce résultat il serait nécessaire de porter le différend devant le Tribunal ; c'est un moyen d'obtenir un renseignement qui est plutôt lent, coûteux et peu sûr, et il est vraisemblable que la solution de cette question ne sera donnée que par le pouvoir législatif.

En attendant, l'usage semble s'établir, à Paris du moins, de publier les constitutions de gage, dans un journal d'annonces judiciaires et cet usage pourra peut-être dans une certaine mesure avoir quelques avantages.

Mais il n'arrivera jamais à combler la lacune de la loi, il est d'ailleurs à remarquer qu'il existe un autre défaut de la loi, auquel il ne peut remédier.

La loi n'a pas prévu le cas ou le fonds serait transporté d'un lieu dans un autre. Dans ce cas il sera facile au débiteur d'induire les tiers en erreur et de leur faire croire que son fonds est libre de tout gage.

Enfin certains greffiers ne consentant pas à radier les inscriptions, il est probable que dans la pratique on ajoutera foi en général aux actes de main-levée qui seront présentés par les débiteurs, et il y aura là pour certains commerçants peu scrupuleux un moyen de duper leurs fournisseurs.

L'un des deux buts que visait le législateur n'est donc atteint qu'en partie. Que faut-il dire de l'autre ? Sans doute la constitution en gage du fonds de commerce est devenue plus pratique, mais le crédit du commerçant s'est-il développé, grâce à la faculté qui lui est aujourd'hui reconnue de donner son fonds en gage ?

Nous ne le croyons pas ?

Nous venons de voir qu'il est très difficile à l'heure actuelle de se renseigner sur l'état d'un fonds de commerce au point de vue du gage.

Ce défaut de la législation, comme d'autres, que nous allons essayer de mettre en évidence, ne peuvent avoir pour effet d'augmenter la confiance des personnes qui traitent avec un commerçant et de développer le crédit de celui-ci.

Les greffiers refusent de délivrer des certificats négatifs comme certains d'entre eux refusent de délivrer des états d'inscriptions ; il est donc aujourd'hui très-difficile à un commerçant qui veut se faire ouvrir un crédit de justifier de l'état de liberté de son fonds au point de vue du gage. Pour le cas où le fonds n'a jamais été donné en gage un moyen de remédier à cet inconvénient a été indiqué à la Chambre des Notaires par M. Lanquest dans le travail auquel nous avons déjà emprunté quelques renseignements.

Ce serait de faire constater par huissier qu'il n'existe au greffe aucune inscription, mais c'est là un moyen couteux et l'on peut ajouter avec M. Lanquest, fort peu pratique.

A Paris, l'huissier pourrait assez facilement procéder à cette constatation mais elle serait imparfaite car la tenue

du répertoire n'est pas prescrite par la loi et les renseignements qu'il contient ne sont pas officiels :

Dans les greffes où aucun répertoire n'existe, il serait
presque impossible de procéder à ce constat.

Ce procédé si imparfait ne peut même plus être employé
lorsque le fonds a été une fois donné en gage, car la loi n'ayant
pas fixé de délai pour la péremption de l'inscription, celle-
ci conserve son efficacité tant que la dette qu'elle garantit
n'est pas prescrite et si la dette s'éteint autrement que par
prescription, l'inscription continue de subsister sur le registre puisque, tout au moins dans certains greffes, il est
impossible au débiteur d'en obtenir la radiation. Le greffier prétendant n'avoir à faire aucune mention de radiation.

Nous croyons d'ailleurs, qu'à l'appui de cette prétention,
le greffier pourra invoquer des raisons sérieuses : la légitime crainte d'une responsabilité vis-à-vis du créancier au
cas où l'acte de main-levée, fait sous signature privée serait
faux, l'impossibilité pour lui d'exiger la production d'une
main-levée authentique alors surtout que l'inscription se
fait sur la vue d'un simple acte sous seing-privé.

On pourra répondre, que puisqu'il n'hésite pas à faire une
inscription et à s'exposer ainsi à des dommages-intérêts
envers un commerçant sur le fonds duquel une inscription
serait prise en vertu d'un faux, il ne devrait pas hésiter non
plus à faire mention de la main-levée au risque d'être
trompé. Mais il sera, pensons-nous, difficile de faire prévaloir cette raison en justice, car ce serait imposer au greffier
une obligation qui ne résulte pas clairement du texte de
la loi, et à laquelle le législateur n'a pas songé ; d'autre
part, comme l'a fort bien exprimé M. Lebret dans l'exposé
des motifs d'un projet de la loi que nous allons étudier plus
loin, le danger d'être victime d'un faux est beaucoup plus

grand lorsqu'il s'agit d'une radiation que lorsqu'il s'agit d'une inscription. En effet dans l'un des cas le faux très-coûteux, à raison des droits d'enregistrement à payer, ne pourrait être fait que dans le but de nuire à quelqu'un sans espoir d'un avantage pour le faussaire ; tandis que dans l'autre cas, le faux, profiterait à quelqu'un : au commerçant dont le fonds était grevé.

Notons toutefois, que le greffe du Tribunal de Commerce de la Seine fait des radiations à condition que les main-levées soient authentiques, ou tout au moins qu'elles soient sous seing-privé et présentées par les deux parties en même temps. S'il est impossible aux deux parties de comparaître, le greffier exige la légalisation, par le maire ou le commissaire de police, de la signature de celle des parties qui ne comparaît pas.

C'est là une bien faible garantie, aussi le greffier semble regretter de s'être laissé aller à accepter des radiations, et son exemple n'est généralement pas suivi.

Le fonds de commerce paraîtra donc le plus souvent grevé, même après que le commerçant aura acquitté la dette dont le gage garantissait le paiement, et les tiers seront très-mal renseignés.

Le propriétaire d'un fonds de commerce, s'il est au courant de cet inconvénient, hésitera longtemps avant de se servir du nouveau moyen de crédit qui lui est ouvert.

D'autre part nous avons indiqué, dans le chapitre précédent, une conséquence inattendue de la nouvelle loi ; si le commerçant, qui a donné son fonds de commerce en gage, veut le transporter d'un immeuble dans un autre ou, si étant propriétaire de la maison dans laquelle il exploitait son fonds de commerce, il la vend, le privilège du nouveau bailleur, est primé par celui du créancier gagiste ; il en résultera que le bailleur dessaisi de son privilège fera des conditions plus dures au commerçant, qu'en outre si le fonds n'a pas été donné en gage, tout propriétaire soucieux de sauvegarder ses intétêts exigera dans le bail la consitution en gage à son profit du fonds de commerce.

Il arrivera donc, dans un certain délai, qu'un très-grand nombre de fonds seront grevés d'une inscription de gage, alors même que le commerçant sera tout à fait au-dessus de ses affaires.

De plus, le commerçant qui aura donné son fonds en gage ne pourra que très-difficilement le vendre, nous avons vu en effet que le créancier gagiste est armé d'un droit de suite extrêmement énergique, que l'acquéreur d'un fonds grevé sera exposé à une dépossession des plus brutales, et qu'il n'existe pour lui d'autre moyen de l'éviter que de faire intervenir le créancier gagiste dans l'acte de cession.

Le commerçant, qui trouvera une bonne occasion de céder son fonds, sera donc à la merci du créancier gagiste qui ne sera pas tenu d'intervenir et l'acquéreur, s'il n'est pas prudent, sera exposé aux plus graves dangers.

En fait, il arrive souvent que la constitution en gage du fonds de commerce est consentie au vendeur de ce fonds.

Celui-ci se trouve donc ainsi muni d'un privilège beaucoup plus efficace que celui du vendeur de meubles, et dans l'état actuel de la législation, la constitution en gage du fonds de commerce portant forcément sur tous les éléments y compris les marchandises, la somme restant dûe n'étant d'ailleurs généralement pas portée à la connaissance des tiers par l'inscription, il en résulte que le commerçant qui débute est à la merci de son prédécesseur et ne possède aucun crédit près des fournisseurs.

On peut ajouter que dans l'état actuel de la législation le fonds de commerce comprenant même le matériel et les marchandises, il arrivera souvent que sa constitution en gage fera disparaitre le gage commun des créanciers non privilégiés, car il n'est pas rare qu'un commerçant n'ait que son fonds pour toute fortune. Or il en résultera sûrement que les fournisseurs non privilégiés refuseront tout crédit au client dont le fonds sera engagé.

Celui-ci n'aura donc pas d'autre ressource que de donner son fonds en gage à ses fournisseurs ordinaires dont il deviendra en quelque sorte l'esclave et qui seront en réalité seuls ou presque seuls à profiter de la nouvelle disposition législative.

On peut ajouter encore que la pratique de la constitution en gage du fonds de commerce aura sans doute pour effet d'augmenter le nombre des faillites, tout au moins dans le département de la Seine. Elle est un des principaux motifs qui déterminent les juges de la Seine à déclarer la faillite d'un commerçant, car elle a pour effet d'enlever aux créanciers chirographaires la totalité de leur gage.

De nombreuses difficultés, d'innnombrables procès semblent devoir naître de la constitution en gage du fonds de commerce : entre le constituant, le gagiste et le greffier pour arriver à la radiation de l'inscription ;

Entre le gagiste primitif, le cessionnaire de la créance engagée, ou seulement du gage et le greffier, pour parvenir à la mention de transport ;

Entre les différents gagistes dont l'inscription sera prise le même jour. En effet, s'il paraît logique de décider que le premier inscrit, et par conséquent le premier nanti, pourra opposer son privilège à tout créancier gagiste même inscrit dans la même journée, il est vraisemblable que le créancier qui en souffrira tentera de faire décider que les inscriptions prises le même jour doivent venir en concurrence ;

Entre le gagiste et le bailleur de l'immeuble où le fonds est exploité ;

Entre le gagiste général et les tiers auxquels un des éléments du fonds aura été vendu ou donné en gage.

Entre le gagiste et le vendeur d'objets mobiliers qui conserve sur eux son privilège.

Entre le gagiste et le créancier hypothécaire, au cas où le propriétaire d'un fonds de commerce, de locataire, deviendrait propriétaire de l'immeuble où le fonds est exploité, ce qui pourrait convertir en immeubles par destination un matériel industriel.

Entre les différents gagistes, au cas où le fonds aurait été transporté d'un lieu dans un autre, ou encore lorsque l'inscription n'indiquera pas le montant de la créance garantie.

Entre le gagiste, l'acquéreur du fonds de commerce donné en gage et le constituant. Nous avons essayé d'indiquer la dangereuse situation dans laquelle se trouvera l'acquéreur d'un fonds de commerce grevé d'une inscription de gage. Nous avons dit qu'il sera exposé à se voir brusquement dépossédé de son fonds par le créancier gagiste agissant en vertu de l'art. 93 § 1 du Code de commerce. Il semble donc qu'il serait indispensable, dans son intérêt comme dans celui du vendeur, de préciser dans la loi les formalités qu'il devra remplir pour s'assurer la propriété paisible et définitive du fonds de commerce.

Il ne peut évidemment pas être question de calquer ici la purge des hypothèques organisée par les art. 2181 et ss. du Code civil. La nature du fonds et les nécessités de la pratique ne le permettent pas. Cependant, il n'est pas non plus possible de décider que, dans tous les cas, les créanciers gagistes devront s'incliner devant la vente du fonds consentie par leur débiteur, leur privilège étant reporté sur le prix.

Il semble qu'il y aurait intérêt à prendre un moyen terme : que l'on pourrait, par exemple, fixer un délai, pendant lequel les créanciers auraient le droit d'attaquer la vente, si elle leur paraissait faite à des conditions inacceptables pour eux, et à l'expiration duquel l'acquéreur, à défaut de contestations, serait propriétaire définitif du fonds de commerce, le privilège des créanciers étant reporté sur le prix du fonds. Le délai pourrait être très bref et avoir pour point de départ la date d'une signification faite à domicile élu et contenant l'indication sommaire des principales conditions de la vente et du prix de vente.

Les contestations seraient jugées sans délai par le Tribunal de commerce, et le droit de faire vendre serait suspendu à partir du jour de la signification, pour ne renaître que 8 jours après le jugement admettant les contestations d'un créancier, à défaut par l'acquéreur de se soumettre aux conditions fixées par le Tribunal.

Enfin, il existe encore un danger pour tout commerçant : à Paris tout au moins, la première personne venue, ayant en mains un acte sous signatures privées contenant la formule : « Tous pouvoirs, etc... » pourra se présenter au greffe et obtenir, sans délai, une inscription de gage sur le fonds d'un commerçant. Le titre lui sera immédiatement rendu, même s'il est *sous seing-privé*.

La porte est ainsi toute grande ouverte à la fraude et aux manœuvres déloyales, avec certitude d'impunité, puisque le titre constituant le corps du délit sera immédiatement restitué au délinquant.

C'est là une imprévoyance du législateur, qu'il n'aurait pas commise s'il avait prononcé le mot d'hypothèque et s'était reporté aux textes relatifs au mode d'inscription des hypothèques terrestres. (Art. 2148 du C. C.) ou des hypothèques Maritimes. (Art. 8 Loi du 10 juillet 1885).

Toutes ces difficultés, tous ces dangers n'engageront pas le commerçant à faire usage du nouveau moyen de crédit

qui lui est ouvert ; on peut dire que la constitution en gage
du fonds de commerce n'est pas encore devenue pratique et
même que, dans les conditions où elle est établie par la
loi actuelle, elle est plutôt nuisible qu'utile au crédit du
commerçant.

Le législateur de 1898 n'a donc pas atteint le double but
qu'il visait ;

Les imperfections de la loi nous paraissent les véritables
causes de son échec.

M. Thézard avait cependant indiqué dans son rapport,
que, pour permettre au commerçant de constituer en gage son
fonds de commerce, « il fallait constituer une substance et
« une individualité juridique à cette valeur qu'on nomme
« un fonds de commerce et édicter pour sa constitution
« à titre de gage, des règles appropriées à sa nature et aux
« nécessités du crédit. »

Et plus loin :

« La publicité des cessions de fonds de commerce, aussi
« bien que celle des actes de nantissement, eût été assuré-
« ment désirable, il eût été bon que de telles cessions ne
« fussent opposables aux tiers qu'après avoir été portées à
« leur connaissance. »

Si le législateur avait mis en pratique ces excellentes
idées, il est probable que les inconvénients que nous avons
essayé d'indiquer n'existeraient pas aujourd'hui.

Malheureusement, lors du vote de la loi, on était pressé
d'arriver à la promulgation.

A la Chambre des députés, personne ne paraît avoir
réfléchi aux conséquences qui en résulteraient, au véritable
bouleversement qu'elle apportait dans notre système de
sûretés réelles, sous les apparences d'un simple perfectionnement de la théorie du gage ; personne ne paraît avoir
songé à approfondir la question de la publicité ; on a songé

à la choisir bien appropriée à la nature du fonds de commerce, mais on n'a fait qu'en esquisser le principe et l'on a totalement omis de préciser, dans la loi, tout au moins la nature juridique et la substance du fonds de commerce.

Au Sénat, le désir de faire une loi complète a été paralysé par la crainte d'en retarder indéfiniment le vote.

M. Thézard dans son rapport s'est bien efforcé de donner à ses collègues du Sénat une notion de la nature de cette valeur, mais il n'a exposé qu'une opinion, celle des auteurs qui considèrent le fonds de commerce comme étant une universalité juridique mobilière et incorporelle ; il a paru croire qu'elle était universellement admise et il n'a pas précisé la substance de cette valeur.

C'est là principalement que se trouve la source du mal actuel.

Il nous semble que le remède s'en peut trouver dans la pensée même de M. Thézard.

Pour rendre pratique le nantissement du fonds de commerce il eut fallu :

1° Constituer la substance du fonds de commerce.

2° l'individualiser.

3° Organiser la publicité de sa constitution en gage.

Comment devait-on constituer la substance du fonds de commerce ?

Il était nécessaire pour cela de rechercher tout d'abord quelle est sa nature, de préciser les éléments essentiels du fonds de commerce, ceux que l'on y peu comprendre sans danger à titre d'accessoires et d'en exclure tous autres biens.

Nous avons dit dans un chapitre précédent, que le fonds de commerce nous paraissait être une universalité de fait et non une universalité de droit.

Nous proposerions de comprendre dans le fonds de

commerce les éléments suivants : 1º comme éléments essentiels et constants l'enseigne, le nom et l'achalandage.

Ce sont là en effet des éléments qui se retrouvent forcément dans tous les fonds de commerce, aussi bien dans ceux établis à demeure fixe que dans ceux qui sont ambulants.

2º Comme éléments accessoires, pouvant ne pas exister et pouvant être écartés en cas de constitution en gage : le droit ou bail lorsque le commerçant n'est pas propriétaire de l'immeuble où s'exploite le fonds, le droit à la jouissance des lieux pour une durée à déterminer, dans le cas ou le commerçant serait propriétaire de l'immeuble ou le fonds est exploité ; les divers droits incorporels qui distinguent le fonds pour la clientèle et la rattachent à lui : brevets d'invention marques de fabrique ; enfin le matériel ;

Nous pensons qu'il est utile de permettre de comprendre dans le fonds de commerce le droit au bail. Il est d'usage, en effet, de le céder en même temps que la clientèle, le plus souvent il est indispensable à l'acquéreur pour qu'il puisse continuer l'exploitation du fonds; enfin il peut augmenter dans une très-grande proportion la valeur du fonds de commerce.

C'est pour les mêmes raisons qu'il semble bon de permettre de comprendre dans le fonds de commerce le droit à la jouissance des lieux ou il s'exploite, nous avons l'intention de nous expliquer plus loin sur ce point en étudiant le moyen d'individualiser le fonds de commerce.

Les brevets et marques de fabrique doivent aussi pouvoir être compris dans le fonds de commerce, ils le distinguent en effet des fonds de même espèce. Ils y sont d'ailleurs très-généralement compris.

Enfin nous croyons qu'il serait bon que l'on permit de faire rentrer le matériel dans la composition du fonds de commerce, parce qu'il est en général indispensable à son exploitation et parce qu'aussi il atteint parfois une valeur considérable ; tel le matériel d'une usine. Il y a donc un intérêt très-grand pour le commerçant à pouvoir emprunter sur la valeur de son matériel tout en continuant à s'en servir.

Nous ne voyons d'ailleurs pas quel inconvénient il pourrait y avoir à accorder au commerçant la faculté de comprendre le matériel dans le fonds de commerce ; une difficulté cependant peut s'élever en ce moment entre le créancier gagiste et le créancier hypothécaire lorsque le commerçant devient propriétaire de l'immeuble après avoir donné son fonds en gage ; le matériel peut devenir en effet immeuble par destination ; mais cette difficulté n'existerait plus du jour ou il serait décidé que le matériel peut *au gré* du commerçant être ou n'être pas compris dans la constitution en gage du fonds de commerce.

Le créancier hypothécaire aurait, en effet, un moyen de savoir à coup sûr si le matériel est ou non libre de gage : il n'aurait qu'à consulter le registre des inscriptions de gage sur les fonds de commerce à condition qu'il soit tenu comme nous allons le dire plus loin.

La difficulté qui pourrait naître des droits du bailleur ne semble pas non plus suffisante pour nous décider à écarter le matériel de la composition du fonds de commerce.

Le commerçant sera toujours libre en effet de ne pas le comprendre dans la constitution en gage, afin de réserver les droits du bailleur sur lui en cas de déménagement après une constitution en gage ; et lorsqu'il ne le fera pas, il ne devra s'en prendre qu'à lui-même, si le bailleur exige une constitution de gage.

Le commerçant enfin, ayant la faculté de réserver certains des éléments du fonds de commerce pour les besoins ultérieurs de son crédit pourrait ne donner en gage à son prédécesseur que la partie essentielle du fonds et réserver le surplus pour avoir crédit près de ses fournisseurs.

C'est là tous les éléments qui nous parraissent devoir entrer dans la composition du fonds de commerce.

Nous pensons que les marchandises en doivent être exclues et cela pour les raisons que nous avons relevées dans le jugement du tribunal de commerce du Havre du 30 mai 1899 cité dans notre chapitre deuxième. Le fonds de commerce n'est en effet qu'une sorte d'instrument de travail, dans lequel les marchandises ne font que passer pour y subir une transformation et sans s'y incorporer. L'intérêt légitime des créanciers chirographaires exige d'ailleurs que ce gage commun leur soit réservé.

Il en est de même des créances actives et passives qui dès à présent sont pensons-nous éloignées de la composition du fonds de commerce et qui d'ailleurs, en fait, ne sont jamais cédées en même temps que le fonds proprement dit.

Si elle déterminait de cette façon la substance du fonds de commerce, la loi, croyons-nous, fournirait au commerçant un puissant moyen de crédit, et elle échapperait au reproche, que l'on peut faire à la loi actuelle, de dépouiller les créanciers chirographaires de tout gage. Le commerçant pourrait en effet ne donner en gage sous la dénomination de fonds de commerce que les éléments essentiels du fonds de commerce et conserver tout ou partie des éléments accessoires pour la garantie des droits du bailleur et des créanciers chirographaires.

Il serait obligé de leur conserver comme gage les marchandises et les créances; il pourrait donc conserver son crédit près d'eux tout en ne laissant pas immobilisé le capital que représente son fonds de commerce.

Mais cela ne suffirait pas pour obvier à tous les inconvénients de la législation actuelle.

Il faudrait individualiser le fonds de commerce. Il est en effet facile de reconnaître un immeuble d'un autre parce que sa situation est invariable ; il n'en est pas de même d'un fonds de commerce.

Nous avons dit que ce bien possède une certaine fixité ; mais il n'en est pas moins un bien meuble et son déplacement n'est pas impossible. Il y aurait certainement intérêt à prendre des mesures destinées à le faire reconnaître en quelque endroit qu'il soit transporté, en quelques mains qu'il vienne à passer.

La loi a soigneusement organisé l'État civil des personnes. Peut-être ne serait-il pas impossible d'organiser celui des fonds de commerce.

Dans certains pays, en Allemagne notamment il existe des registres du commerce. Tout commerçant est inscrit sur le *Handelsregister*, et ce registre contient en outre de nombreuses indications tant sur le commerçant lui-même que sur le fonds de commerce. Il y a là une source de renseignements très-précieuse pour les personnes qui traitent avec un commerçant (1).

On pourrait peut être exiger de tout commerçant, comme de toute personne qui, dans l'avenir, établirait un fonds de commerce qu'ils en fissent la déclaration au greffe du Tribunal de Commerce. Cet acte contiendrait les noms du ou des propriétaires du fonds, l'indication de la nature du commerce exercé, du titre adopté, du lieu précis de l'exploitation, de la nature du matériel, des différents droits qui dépendraient du fonds (principalement les brevets et les marques de fabrique), de l'existence ou de l'absence d'un bail, enfin il ne serait pas impossible d'exiger que le commerçant

______

(1) Code de Commerce allemand de 1861 art. 12 et SS. — Code de Commerce de 1897 art. 8 et SS. Cf. Lyon-Caen et Renault I nᵒ 194 *bis* — Thaller, traité élémentaire nᵒ 176.

établi dans son propre immeuble, estime la valeur locative
des lieux occupés par le fonds, indique les conditions auxquelles ils doivent être occupés et le temps pendant lequel il
entend y laisser exploiter le fonds à charge par lui de se con-
former aux prescriptions de la loi du 23 mars 1855 art. 2, pour
le cas où la durée de l'occupation ainsi garantie, dépasserait
18 ans à partir du jour de la déclaration. L'on pourrait
exiger du fondateur qu'il déclarât toutes les modifications
importantes que viendrait à subir son fonds de commerce, les
renouvellements, les résiliations de baux, les accroissements
ou diminutions du fonds et principalement tous les déplacements et la cession.

Mention de ces déclarations serait faite au dos de l'acte
originaire et en même temps sur l'expédition délivrée au
commerçant et il serait par suite facile aux tiers de
connaître la consistance exacte d'un fonds de commerce de
le suivre en quelque endroit qu'il soit transporté, en
quelques mains qu'il vienne à passer.

Des expéditions de cette déclaration pourraient être d'ailleurs délivrées à tous intéressés, exactement, comme lorsqu'il s'agit d'actes de l'État Civil.

En cas de constitution de gage, le privilège du gagiste ne
porterait que sur les éléments qui entraient dans la composition du fonds au moment de la constitution de gage.

Tout au moins, on pourrait décider que le privilège ne
porterait que sur les éléments du fonds limitativement
énumérés dans l'acte constitutif du gage *et dans l'inscription*.

Enfin et surtout, il serait important d'organiser la publicité du gage d'une façon plus complète qu'elle ne l'est
aujourd'hui. C'est ce que le Gouvernement a compris.

M. Lebret alors qu'il était ministre de la Justice a déposé
le 28 février 1899 à la Chambre des Députés un projet
de loi, tendant vers ce but.

Dans l'exposé des motifs de ce projet de loi il est dit :
« Pour que cette publicité produise un effet utile, il faut
« aujourd'hui l'organiser. Il convient de régler le mode
« d'inscription du nantissement, la péremption, la radiation
« ou la réduction de l'inscription, enfin, de prévoir la dé-
« livrance, par le greffier chargé de la tenue du registre,
« d'états destinés à faire connaître les inscriptions qui
« grèvent un fonds de commerce ou d'un certificat constatant
« qu'il n'en existe aucune. »

Le gouvernement a considéré, que le meilleur moyen
d'organiser la publicité de la constitution en gage du fonds
de commerce, était de s'inspirer des dispositions qui régissent sur ce point l'hypothèque terrestre et l'hypothèque
maritime.

De l'article premier de son projet il n'y a rien à dire, il
confirme simplement la loi du premier mars 1898 et l'interprétation à laquelle conduisaient les travaux préparatoires de cette loi.

L'article 2 est une reproduction de l'article 2148 du
Code civil, il impose une obligation nouvelle au créancier :
celle de rédiger deux bordereaux, dont il détermine le
contenu.

Cet article emprunte à la loi du 10 juillet 1885, art. 8,
la faculté, pour le créancier, de présenter, à l'appui de sa demande d'inscription, un acte sous seing privé ; mais cet acte
sera restitué au créancier, une fois l'inscription faite.

Il est à désirer que le parlement reprenne en entier la
disposition de la loi sur l'hypothèque maritime, et décide
que le greffier conservera l'acte lui-même quand il sera
reçu en brevet et l'un des originaux quand l'acte sera
sous-seing privé. Il n'est pas bien onéreux en effet pour
les parties de rédiger un original supplémentaire, destiné à
être annexé au bordereau et il en peut résulter une plus

grande sécurité pour les commerçants, qui pourront ainsi plus facilement faire tomber une inscription prise à l'aide d'un faux.

Sur un autre point, cet article confirme d'ailleurs ce que nous avons dit, c'est-à-dire que la constitution en gage d'un fonds de commerce, soit civile soit commerciale, ne peut être constatée que par acte authentique ou sous-seing-privé enregistré.

Il faut remarquer encore, que cet article n'exige pas l'élection de domicile du créancier, dans le ressort du tribunal de commerce. Il y a là une lacune regrettable et qu'il y aurait intérêt à combler pour organiser la purge des inscriptions de gage grevant le fonds de commerce.

Enfin cet article exige d'une façon absolue la désignation du nom du créancier ; cela peut occasionner des difficultés.

Il arrive souvent qu'un fonds de commerce appartienne à une Société anonyme ou en commandite par actions. Si cette Société désire émettre des obligations et offrir aux souscripteurs la garantie d'un gage sur son fonds de commerce, il faut qu'elle puisse le faire.

Actuellement la loi ne déterminant pas les mentions que doit contenir l'inscription, une Société peut employer ce procédé pour se procurer du crédit (1). Elle peut également consentir sur ses immeubles une hypothèque au profit des futurs souscripteurs de ses obligations ; la jurisprudence décide en effet, que dans les inscriptions hypothécaires, le nom du créancier ne constitue pas une mention substantielle, exigée à peine de nullité, et que l'incription au profit des obligataires futurs d'une Société peut valablement être prise par une personne qui se porte pour eux gérant d'affaires.

(1) Cf. Lyon-Caen et Renault. Traité de Droit Commercial t. II, 3ᵉ édition, nᵒˢ 584 à 592. Cass. 20 octobre 1897, J. Pal. 1898-1-489. Gazette du Palais, 1898, p. 180.

Pour éviter toute difficulté sur ce point en matière de nantissement de fonds de commerce, il semble qu'il serait utile d'ajouter à l'art. 2 du projet de M. Lebret un paragraphe autorisant les représentants légaux des Sociétés à faire au greffe, au profit de la *Masse des* porteurs d'obligations, une déclaration de constitution de privilège à concurrence d'une somme déterminée (1).

Une telle disposition aurait d'ailleurs l'avantage de déterminer, d'une façon nette et régulière, la personne à laquelle l'acquéreur du fonds devrait faire une notification pour purger les inscriptions de gage.

Les art. 4, 5, 6 et 7 tranchent la question de la péremption de l'inscription et celle de sa radiation, d'une façon qui paraît satisfaisante, les articles 8 et 9 celle de la délivrance d'états d'inscriptions, ou de certificats négatifs.

Si ce projet était voté, tel qu'il est rédigé, il aurait incontestablement l'avantage d'apporter un remède aux inconvénients qui résultent du manque d'unité dans les solutions admises par les greffiers, sur tous ces points ; il rendrait très-grand service aux personnes désireuses de se renseigner sur la solvabilité d'un commerçant et sur l'état au point de vue du gage de son fonds de commerce.

Ce serait à coup sûr un grand progrès sur l'état actuel de la législation.

Mais s'il tranche les principales difficultés relatives au mode d'inscription du nantissement, à la péremption, à la radiation des inscriptions, à la délivrance des certificats par les greffiers, il en est de nombreuses qu'il laisse en suspens.

Nous avons essayé d'en montrer quelques-unes, auxquelles la détermination de la substance du fonds et son individualisation auraient pour but de remédier.

---

(1) Comp. Ad. Coche de l'hypothèque mobilière.

Il en est d'autres encore sur lesquelles nous ne nous appesantirons pas, car elles sortent un peu de notre sujet, mais que nous devons indiquer d'un mot.

Ce sont les difficultés qui résultent de ce que la loi ne réglemente pas les rapports des créanciers gagistes, entre eux et avec les autres créanciers munis d'un privilège sur une partie du fonds de commerce.

Ce sont celles, résultant de la non-règlementation du droit de suite du créancier gagiste et de ses rapports avec le tiers acquéreur du fonds de commerce engagé.

Enfin, il est à craindre que des difficultés ne s'élèvent encore après le vote du projet de loi, entre les greffiers et les personnes intéressées à connaître les constitutions de gage et le législateur pourrait peut-être compléter ce projet en s'inspirant de plus près des dispositions contenues aux articles 2196 à 2203 du Code civil, relatifs à la publicité des registres et à la responsabilité des conservateurs des hypothèques.

Pour nous résumer nous pensons, que la loi devrait d'abord indiquer la nature du fonds de commerce, ses éléments essentiels, les éléments qui peuvent s'y trouver tout en n'étant pas essentiels, nous croyons ensuite qu'il serait bon d'individualiser le fonds de commerce dans ce but d'exiger de tous les commerçants comme de toute personne qui dans l'avenir établira un fonds de commerce ; une déclaration dans les formes que nous avons indiquées plus haut.

Dans le même but on exigerait du commerçant des déclarations complémentaires toutes les fois qu'une modification importante serait apportée à son fonds.

Il serait tout au moins nécessaire d'exiger en cas de constitution de gage sur le fonds de commerce que les éléments compris dans le gage soient limitativement énumérés dans le contrat et dans l'inscription.

La cession du fonds ne serait opposable aux tiers qu'après sa mention par extrait au dos de la déclaration primitive.

La constitution en gage ou mieux l'hypothèque du fonds de commerce serait déclarée possible. Un acte authentique ou sous-seing privé enregistré serait exigé même pour les constitutions d'hypothèques garantissant une dette commerciale.

Elle porterait exclusivement sur les éléments qui au jour de la constitution et en se reportant à la déclaration exigée plus haut, constituaient le fonds hypothéqué.

Elle serait rendue publique par les moyens indiqués au projet de M. Lebret.

Trois dispositions seraient toutefois ajoutées à l'art. 2 de ce projet l'une pour déterminer de quelle façon serait prise l'inscription d'hypothèque consentie au profit des porteurs d'obligations d'une société.

Une autre pour exiger du créancier une élection de domicile, en vue de faciliter la purge des hypothèques.

Une troisième pour exiger le dépôt entre les mains du greffier du titre en brevet ou d'un original de titre sousseings privé.

La loi règlerait ensuite les rapports du créancier hypothécaire avec les tiers tels que : le bailleur des lieux où le fonds est exploité, les créanciers privilégiés sur des éléments détachés du fonds, les autres créanciers ayant hypothèque sur le fonds et surtout avec l'acquéreur du fonds de commerce.

Elle fixerait les règles à observer par le créancier pour vendre le fonds après son passage aux mains d'un tiers détenteur, les moyens que celui-ci pourrait employer pour éviter la dépossession du fonds qu'il aurait acquis, c'est-à-dire pour purger les hypothèques.

Enfin elle pourrait insister sur les devoirs des greffiers conservateurs.

Nous pensons qu'une loi établie sur ces bases rendrait de grands services aux commerçants. Elle serait indispensable pour leur permettre de tirer parti de leur fonds de commerce comme moyen de crédit, donnerait aux tiers toutes les garanties de sécurité qu'ils sont en droit de réclamer, enfin laisserait aux créanciers chirographaires un gage commun dont l'importance serait réglée par le commerçant lui-même au mieux de ses intérêts.

Vu : le Doyen
GLASSON

Paris, le 21 décembre 1899
Le Président
CH. LYON-CAEN.

Vu et permis d'imprimer,
Le Vice-Recteur de l'Académie de Paris,
GRÉARD.

TABLE DES MATIÈRES

FIN DE LA TABLE

Imprimerie V⸱⸱ Albouy, 75, avenue d'Italie. — Paris.